Venu par Réd[on] 3.9.[illegible]

INSCRIPTIONS TUMULAIRES

DES

ANCIENS CIMETIÈRES ISRAÉLITES

D'ALGER

recueillies, traduites, commentées et accompagnées de notices biographiques

PAR

ISAAC BLOCH

Grand Rabbin d'Alger

PARIS

LIBRAIRIE ARMAND DURLACHER

83 bis, Rue de Lafayette, 83 bis

1888

INSCRIPTIONS TUMULAIRES

DES

ANCIENS CIMETIÈRES ISRAÉLITES

D'ALGER

DU MÊME AUTEUR

A LA MÊME LIBRAIRIE

	Fr.	Cent
LES ISRAÉLITES D'ORAN, esquisse historique.......	1	»
LES FILS DE SAMSON, nouvelle juive, 1 vol. in-12...	2	50
LA MISSION DU RABBIN, sermon....................	»	50
ESTHER, sermon.................................	»	50
LE PROGRÈS, sermon.............................	»	50
L'ISOLEMENT D'ISRAËL, sermon....................	»	50
ELOGE FUNÈBRE D'AMRAM DARMON....................	»	50

SAINT-ÉTIENNE, IMP. URBAIN BALAY, RUE DE LA BOURSE, 26, PRÈS LA RUE DES JARDINS

INSCRIPTIONS TUMULAIRES

DES

ANCIENS CIMETIÈRES ISRAÉLITES

D'ALGER

recueillies, traduites, commentées et accompagnées de notices biographiques

PAR

ISAAC BLOCH

Grand Rabbin d'Alger

PARIS

LIBRAIRIE ARMAND DURLACHER

83 bis, Rue de Lafayette, 83 bis

1888

[illegible]

PRÉFACE

Il existe peu d'ouvrages sur l'histoire du judaïsme algérien. Quelques notions vagues, quelques descriptions de mœurs assez exactes, que les auteurs, depuis Haédo, ont copiées les uns sur les autres; un petit nombre de documents authentiques disséminés dans des revues volumineuses; deux ou trois monographies contenant des renseignements précieux mais incomplets, voilà, à notre connaissance, le bilan de cette littérature.

Aussi a-t-on cru rendre service aux personnes studieuses en publiant ce choix d'inscriptions tumulaires et les biographies qui s'y rapportent. Les recherches que nous avons faites dans les livres écrits par les rabbins locaux, surtout la découverte de plusieurs documents inédits, nous ont permis d'enrichir ce travail de détails nouveaux. Notre but sera atteint et notre peine suffisamment récompensée si les matériaux réunis peuvent être utiles à un futur historien des israélites algériens, qui sont une fraction si importante de la population du pays et dont l'influence, trop souvent exagérée par la haine ou par la vanité, ne constitue cependant pas une quantité négligeable.

Les épitaphes que nous avons retrouvées sont de date assez récente : la plus ancienne ne remonte qu'à l'an 1020. Les tombes antérieures à cette époque, celles de tant de célèbres rabbins, successeurs de Ribasch, ne portaient probablement aucune espèce d'inscription. Il n'est pas même sûr que le petit poëme qui ornait la plaque funéraire de Ribasch, y existât originairement. Encore qu'il soit l'œuvre de l'un de ses contemporains, R. Abba Mari Ibn Caspi, il ne présente ni le style, ni les formules d'une épitaphe, mais il paraît être plutôt une élégie gravée postérieurement sur la tombe. Quoi qu'il en soit, cette absence d'inscriptions pendant une période de temps très longue est remarquable, et comme elle a été constatée également dans d'autres vieilles communautés de l'Algérie, notamment à Miliana et à Médéa, on en peut conclure qu'une loi prohibitive, inspirée par le fanatisme musulman, restreignait à cet égard l'hommage rendu aux morts par les familles éplorées et les coreligionnaires reconnaissants.

Si notre modeste essai comble une lacune, une partie de ce mérite revient au Consistoire d'Alger qui, appréciant l'utilité de cette publication, l'a, par son concours empressé, rendue possible. Nous sommes heureux de lui offrir ici l'expression spéciale de notre reconnaissance.

Nous adressons aussi nos plus profonds remerciements à deux hauts fonctionnaires d'Alger qui ont bien voulu nous ouvrir les dépots d'archives confiés à leur garde, M. Perrioud, directeur de l'Enregistrement, du Timbre et des Domaines, et M. le marquis de Gonzalez, consul général d'Espagne, ainsi qu'à notre excellent ami M. Haïm Boucris, qui nous a fourni des indications utiles et a mis à notre disposition sa riche bibliothèque.

Alger, 25 juillet 1888.

INSCRIPTIONS TUMULAIRES

DES

ANCIENS CIMETIÈRES ISRAÉLITES

D'ALGER

INTRODUCTION

Historique des Cimetières

CHAPITRE PREMIER

CIMETIÈRE DE RIBASCH

Lors de la prise d'Alger par les Français, la communauté israélite qui y était établie possédait, au faubourg Bab-el-Oued, trois vastes terrains voisins l'un de l'autre et servant de cimetières.

Le plus ancien de ces cimetières se trouvait non loin des murs de la ville. D'après un plan dressé par un résident européen vers 1798 (1), il était situé en sortant de la porte Bab-el-Oued, à gauche de la route qui conduisait à la Pointe Pescade, actuellement route de Saint-Eugène, et qui filait, à partir de l'enceinte, dans la direction du nord-ouest, en se rapprochant de la mer et en passant au pied du fort des Vingt-Quatre Heures, aujourd'hui l'arsenal, qu'elle laissait

(1) [I. Ad. von Rehbinder] Nachrichten und Bemerkungen über den algierschen Staat, Altona, 1798, Planche B.

à sa droite. Il était contigu au cimetière arabe, que l'on rencontrait avant d'y arriver. Sa contenance était de 14.830 mètres carrés (1). Il datait au moins du commencement du XVe siècle, car c'est là que fut enseveli le rabbin Isaac bar Chéchet Berfet, décédé vers l'an 1409. En raison de cette circonstance, nous le désignerons, dans la suite de cette étude, par le nom de Ribasch. Ribasch est l'abréviation hébraïque des quatre mots : **R***abbi* **I***saac* **B***ar* **Ch***échet.*

Nous venons de dire que ce cimetière date au moins du XVme siècle. Nous croyons qu'il est plus ancien, et il nous paraît possible d'en déterminer l'origine d'une façon moins vague.

Isaac bar Chéchet, dans sa consultation n° 107, s'exprime en ces termes : « En arrivant dans ce pays, nous n'avons « pas trouvé de coutume établie en cette matière, car les « habitants ne suivaient pas le droit mosaïque; tout litige « était porté devant le juge musulman. Pareillement, la « communauté de Majorque, *dont la plus grande partie de* « *la nôtre est originaire,* s'y adressait toujours aux tribu- « naux musulmans. »

Ces israélites majorquins, qui formaient la majorité à Alger du temps de Ribasch, quels sont-ils ? Sont-ils ceux qui arrivèrent avec Simon Duran, après l'émeute de 1391? Cela est peu probable, car à cette date, comme Ribasch le dit lui-même au n° 52, il n'y avait plus de justice musulman à Majorque, mais bien des tribunaux chrétiens. Il faut donc remonter à une époque où les musulmans y avaient encore leur juridiction propre. C'était avant 1287, année où Alphonse d'Aragon acheva la conquête des Baléares, réduisit les Maures en esclavage et proscrivit toute autre religion que le christianisme. Les Juifs partagèrent les malheurs des Maures et beaucoup, sans doute, prirent avec ceux-ci le chemin de l'Afrique. Alger était alors sans aucune importance, et ceux qui s'y établirent durent y trouver peu ou point de coreligionnaires. Le cimetière de Ribasch a dû être la création de ces premiers arrivants.

(1) Archives du Consistoire israélite d'Alger. Dossier Cimetières. Notification à M. Mardochée Amar, chef de la nation, d'une délibération du Conseil supérieur d'administration en date du 8 septembre 1845.

Ce qui corrobore cette hypothèse, c'est que la tradition locale ne connaît pas d'autre cimetière antérieur à celui de Ribasch.

D'un autre côté, si l'on étudie l'emplacement des tombeaux de Ribasch et de Raschbatz (1) en s'aidant du plan déjà mentionné de M. de Rehbinder, on s'aperçoit qu'ils n'étaient distants de l'ancienne route d'accès longeant la mer que d'environ soixante mètres. En estimant qu'il fallut une centaine d'années pour remplir cet espace en long et en large, on n'est pas éloigné de la vérité, et la date de 1287, ou à peu près, se trouve confirmée.

Enfin, le titre de propriété du cimetière du Midrasch, titre que nous reproduisons plus loin, rappelle un acte du roi de Tlemcen autorisant éventuellement la communauté israélite d'Alger à acquérir un terrain pour y ensevelir ses morts. C'est en vertu de cette autorisation royale que le cimetière de Ribasch fut établi, et elle ne fait aucune allusion à un lieu de sépulture qui aurait existé avant celui-ci et que celui-ci aurait remplacé. Il était donc le premier que la communauté ait possédé, et, selon toute apparence, il fut ouvert vers 1287 par les fugitifs de Majorque (2).

Pendant longtemps, ce lieu de sépulture servit de théâtre aux exécutions des condamnés israélites. Un voyageur, qui le visita en 1719, raconte qu'on lui montra la place où, cinq

(1) Nom abréviatif formé avec les premières lettres des quatre mots : **Rabbi Chiméon ben Tzémach**.

(2) A l'origine, il y avait deux communautés juives à Alger, la communauté indigène et la communauté espagnole. La première comprenait les individus désignés sous le nom de בעלי המצנפת, porteurs de turbans, ou שכליין. Les membres de la seconde étaient appelés בעלי הקפרוי ou בעלי הכבום ou simplement כבוסיין, porteurs de capuches ou de bérets. D'après notre hypothèse, les Chekliines seraient les expulsés de Majorque, et l'étymologie de leur nom doit sans doute être cherchée dans le dialecte majorquin. Les Kibousiines étaient les juifs espagnols arrivés en 1391 et en 1492. Les deux communautés, d'abord distinctes, finirent par se fondre ensemble, mais il resta des traces de leur séparation primitive, surtout dans la rédaction des contrats de mariage ou ketubot. Aujourd'hui, cette dernière particularité a disparu à son tour, et il est impossible de déterminer les individus qui appartiennent à l'une ou l'autre des deux catégories. La tradition locale ne fait exception que pour six familles qu'elle sait être כבוסיין ou espagnoles. Ce sont les Stora, descendants d'une fille de Ribasch, les Duran, les Seror et les Benhaïm, descendants en ligne directe ou collatérale de Raschbatz, enfin les Oualid et les Ayache qui, avec les Benhaïm déjà nommés, ont été réunis dans la phrase mnémotechnique suivante : בני חיו מזונו.

ou six jours auparavant, on avait brûlé un juif que des gens bien sensés croyaient innocent. Un Turc, devenu tout d'un coup fou furieux, passait par les rues avec un couteau à la main, dont il tua cinq ou six israélites et en blessa plusieurs autres. Quelques moments après, il fut retrouvé dans sa maison avec la langue coupée. Lorsqu'on le vit dans cet état, où il ne pouvait s'expliquer, on s'informa qui était l'auteur de cet attentat.

D'abord un Turc dit qu'il n'en fallait pas chercher d'autre que lui, et que dans le transport où il avait été, il avait bien pu tourner sa fureur contre lui-même et se couper la langue avec les dents. Mais un jour après, deux personnes ayant accusé un juif de cette mutilation, le malheureux fut pris et brûlé sur-le-champ, sans autre forme de procès. Le voyageur qui relate ce fait vit encore sur la place la quantité de pierres que les enfants et la populace avaient jetées à la victime pendant son supplice (1).

Déjà, avant cette époque, ce premier cimetière, couvert de tombes, ne servait plus à de nouvelles inhumations ; mais il fut conservé avec respect jusqu'en 1844. Par arrêté du Gouverneur général en date du 11 mars de cette année, il fut exproprié, ainsi que d'autres parcelles de terrain sises au faubourg Bab-el-Oued, pour l'établissement de la nouvelle enceinte d'Alger. Des experts nommés contradictoirement par l'administration et par la communauté israélite, pour fixer la valeur de l'immeuble qui, comme nous l'avons dit, avait une superficie de 14,830 mètres, l'estimèrent à 7,415 francs de rente, sur le pied de cinquante centimes par mètre. La prise de possession eut lieu la même année et les ossements durent être exhumés. Toutefois, les tombes des deux anciens et illustres chefs spirituels de la communauté, R. Isaac Berfet et R. Simon Duran, échappèrent à cette profanation : laissées intactes, elles furent recouvertes, l'une par les glacis de la fortification, l'autre par le remblai du mur d'enceinte (2). En 1862, avec les fonds d'une sou-

(1) De la Motte, *Voyage d'Alger et de Tunis*, p. 85.

(2) Archives du Consistoire d'Alger. Dossier Cimetières.

Cette préservation exceptionnelle frappa l'imagination du peuple : elle parut miraculeuse et donna naissance à une légende. On raconte que les soldats,

scription, on éleva, sur l'emplacement de la tombe de Ribasch, un édicule de style mauresque. L'intérieur de cette espèce de marabout, dépassant à peine la hauteur d'homme, est orné de verres suspendus au plafond et dans lesquels brûlent des lumières. Le sol est jonché d'une épaisse couche de sable, où sont plantées des bougies allumées. A l'extérieur, de chaque côté de la porte d'entrée, se lit une inscription en l'honneur du saint rabbin; celle de droite est en hébreu, celle de gauche en français. Le texte de la première a été publié, d'après un manuscrit, dans la *Monatsschrift für Geschichte und Wissenschaft des Judenthums*, année 1883, n° 3. Le voici tel qu'il est gravé sur le monument, suivi de sa traduction et de l'inscription française :

TEXTE

ברתים אלו [היו] כתובים על מצי' מו"ר הריב"ש זי"ע יסדם החכם הגדול ר' אבא מארי אבן כספי ז"ל ופטירת הרב ז"ל היתה שנת כי לקח ורמוז הוא בברתים על מצברתו

מאד רגזה תבל   וציץ היקר נבל
ולבשו סות אבל   מאורים בשחק
כמה סר הוד לקח   ונהפך יין הרקח
לרעל כי לקח   אלהים את יצחק
עלות אוה אל על   בטוב חלד געל
בו הן צדק פעל   בכסא יה הוחק
כאראלים יחשב   לרנתם יקשיב
בבתי הוד יושב   בשמים ישחק

TRADUCTION

Ces mots étaient gravés sur la tombe de notre maître R. Isaac ben Chéchet, que ses mérites nous protègent! Ils ont été composés par le rabbin éminent Abba Mari ibn Kaspi, de mémoire bénie. La mort du rab (1), de mémoire bénie, advint en l'année כי לקח = 168 (2), ce qui est indiqué dans les vers qui sont sur sa tombe :

L'univers a frémi grandement,
La fleur précieuse s'est fanée,

chargés d'exhumer les restes des deux rabbins, y épuisèrent leurs efforts et que leurs pioches ne purent jamais entamer la terre devenue plus dure que le marbre. Ce serait seulement après avoir reçu cette preuve de la sainteté des deux tombes que l'administration aurait décidé de n'y pas toucher.

(1) Grand rabbin.

(2) 1408.

Les astres du ciel se sont enveloppés
D'un voile de deuil.
Combien est déchue la gloire de l'enseignement,
Et s'est changé le vin aromatisé
En absinthe, car Dieu
A pris Isaac !
Il aspirait à monter vers les hauteurs,
Il méprisait les biens de ce monde,
Où il pratiqua la vertu,
Il est gravé dans le trône de Dieu.
Il est compté à l'égal des anges,
Il entend leurs chants,
Il est assis dans les demeures de gloire :
Au ciel il sourit.

INSCRIPTION FRANÇAISE

Ce monument a été restauré par la communauté israélite d'Alger en l'honneur du rabbin Isaac bar Chichat, né en Espagne, décédé à Alger en 1408, dans sa 82e année. — Alger, le 11 avril 1862.

En 1866, on honora de façon analogue la mémoire de R. Simon Duran en posant, sur la partie du mur d'enceinte qui recouvre sa tombe, une inscription en trois langues : arabe, hébraïque, française. Gravée sur une tablette oblongue de marbre blanc, cette inscription fait connaître le nom du défunt et l'année de sa mort, qui est 1442.

Ces deux lieux consacrés par la vénération des fidèles sont devenus un but de pèlerinage. La veille de chaque néoménie, les israélites d'Alger, les femmes surtout, parmi lesquelles on voit quelquefois des mauresques et des espagnoles, s'y rendent en foule avec des offrandes en argent, de l'huile et des bougies. Des mains pieuses entretiennent sur l'édicule et sur le mur d'enceinte, qui lui fait face, un badigeonnage de couleurs vives et souvent renouvelées.

CHAPITRE II

Cimetière du Midrasch

Le deuxième cimetière, contigu au précédent, s'étendait plus au sud, au pied même des premières pentes des collines du Sahel.

Il fut acquis en 1691, en vertu d'un acte authentique où sont minutieusement déterminées la situation et les limites de l'immeuble. Voici la traduction de ce document. L'original est en arabe (1) :

Louange à Dieu. Ceci est la copie d'un seul acte, transcrit ici pour servir en cas de besoin et faire foi. En voici la teneur : Louange à Dieu. Parmi les habous érigés au profit de la grande mosquée d'Alger, dirigée par le savant jurisconsulte (2) Abou Abd Allah Sidi Mohammed, fils de feu Sidi Saïd, mufti de la dite Mosquée, se trouvaient le jardin et la parcelle de terre contiguë, situés hors la porte Bab-el-Oued, l'une des portes de la susdite ville, et avoisinant le cimetière de la communauté israélite.

Ces deux immeubles sont limités, à l'ouest, par l'oued Kerisch, au nord par le susdit oued, à l'est également par le même oued. De là, la limite suit l'ancienne route vers le sud jusqu'à un bassin qui se trouve là et qui appartient au jardin de Dar Senaa (3).

Le jardin et la parcelle susdésignés commencent à la rigole en face de laquelle il y a un figuier, la limite suivant en ligne droite la direction du nord, longeant avec l'oued l'ancienne route servant aux gens de la Bouzaréa et autres et séparant les deux immeubles dont il s'agit de la maison du jardin de Dar Senaa, ensemble les quatres norias se trouvant sur les susdits immeubles.

Le produit de ces immeubles sert à l'entretien de la Grande Mosquée, au même titre que tous les habous érigés à son profit, tant à l'intérieur qu'à l'extérieur de la ville, ainsi que cela est indiqué et consigné dans l'acte de leur constitution de habous, dont l'iman de la Grande Mosquée est porteur. Habous parfait.

De même, la communauté israélite établie dans la susdite ville est devenue propriétaire incommutable et notoire de la totalité de la maison

(1) Nous en devons la communication à l'obligeance de M. Perrioud, directeur de l'enregistrement, du timbre et des domaines, à Alger. Qu'il veuille bien recevoir ici nos vifs remerciements.

(2) Nous avons supprimé, ici et partout dans cet acte, les épithètes élogieuses dont le style arabe est si prodigue et qui prennent chaque fois plusieurs lignes.

(3) Maison du métier. C'était une poterie.

sise au bas de Souk el Djemaa (1) dans l'intérieur de la susdite ville et connue sous le nom de Dar el Far (2). L'acquisition ci-dessus fut faite au profit de la communauté par son réprésentant, l'israélite Chaloum, acquéreur en vertu d'un acte, qui est le dernier des actes collés les uns aux autres, et qui sera collé lui-même par son extrémité inférieure en tête du présent, s'il plaît à Dieu. Cette acquisition est régulière. Le prix a été versé entre les mains de l'amin du Bit el Mal (3) Sid Agha ben Ali Turki, actuellement curateur aux successions dévolues à l'Etat dans la susdite ville.

Tout ce qui précède est indiqué et consigné dans le susdit titre du Bit el Mal, avec énonciation de l'état d'indivision de la maison susdite entre tous les membres de la communauté israélite et des conditions réglant la matière.

La communauté israélite étant à l'étroit dans son lieu de sépulture et ne trouvant nul terrain à acheter et à convertir en cimetière pour y enterrer ses morts, si ce n'est le jardin et la parcelle dont s'agit, habousés au profit de la Grande Mosquée et contigus avec son cimetière et son lieu de sépulture, voulut échanger contre ces deux immeubles la totalité de la susdite maison. Elle porta cette affaire devant l'illustre souverain Sid el Hadj Chaban, dey de la ville d'Alger la Bien Gardée. Elle produisit un acte qu'elle possédait depuis longtemps, et qui était un ordre émanant de notre maître le roi d'alors et adressé aux chefs d'Alger, aux troupes et à leurs chefs, ainsi qu'aux chefs de la magistrature, ordre portant que si la communauté israélite voulait acquérir un terrain pour y ensevelir ses morts, elle pourrait le faire sans nul empêchement. Le seigneur dey, ratifiant l'ordre donné par notre maître le roi, délégua l'honorable el Hadj Mohammed, actuellement interprète de ladite ville, auprès de l'iman de ladite mosquée et auprès du medjlès consultatif y siégeant. L'ont fait comparaître les deux éminents jurisconsultes, les muftis Hussein ben Redjeb et Mohammed ben Said, ainsi que le savant Ibrahim Effendi, actuellement cadi hanéfi de ladite ville, lequel a opposé son cachet ci-dessus, et le jurisconsulte Abou Abd Allah Mohammed ben Mohammed el Hadj, cadi maléki, actuellement chargé des affaires judiciaires de ladite ville. El Hadj Mohammed, interprète, se rendit auprès des jurisconsultes susdénommés dans le medjlès susdit avec l'autorisation de notre maître el Hadj Chaban Dey. Il leur exposa la cause dont s'agit et les informa que notre maître les priait d'examiner cette cause et d'accorder à la communauté israélite ce qui lui revient légalement, afin d'arriver à la satisfaction de son désir. Faisant droit à sa demande, après avoir mûrement et attentivement examiné la cause, ils s'enquérirent de la valeur de la maison susindiquée et du produit de son loyer. Il leur fut répondu que la valeur de la maison dépassait la valeur des susdits jardin et parcelle habousés de plus du double et que les revenus de son loyer sont

(1) Marché du vendredi. La rue de Soccgemah occupe cet emplacement et son nom est la corruption de la désignation arabe.

(2) La maison de la Souris.

(3) Le directeur du domaine.

plus avantageux que ceux des deux immeubles. Ce qui précède leur fut établi avec certitude, et ils se convainquirent d'une façon absolue que l'échange proposé était équitable et avantageux, conformément aux exigences légales. Il apparut aux susdits docteurs que cet échange était licite, suivant le rapport de ceux qui examinèrent cette affaire, au point de vue de l'avantage à en retirer par le habous, ainsi que du bénéfice et de l'augmentation qui en résulteraient pour lui. Ce qui précède fut régulièrement établi par-devant eux. En suite de quoi, ils autorisèrent l'oukil de la Grande Mosquée, l'excellent Sid Mohammed el Mouri, avec l'approbation de l'iman, à opérer l'échange dont s'agit suivant le mode susexprimé. Autorisation parfaite qui a été recueillie par les deux adels soussignés.

Les choses étant en cet état, a comparu aujourd'hui devant les deux adels soussignés l'oukil Sid Mohammed el Mouri, comme représentant l'iman de la Grande Mosquée et tous ses successeurs, agissant pour l'administration des habous en vertu des pouvoirs qui lui sont conférés par la susdite autorisation émanée des sus-nommés, ainsi que les propriétaires de la susdite maison, qui sont les israélites Youssef Moati, actuellement cadi (rabbin) de la communauté israélite de ladite ville, Nathan Cohen ben Daoud, Schlomo Cohen ben Daoud, Chalom ben Narboni ben Abraham, Chalom Tubiana ben Nathan, Rouchou ben Niara ben Schlomo, Youssef Cohen ben Aron et Jacob ben Dahman, lesquels ont fait réciproquement pour ce qui précède l'échange suivant. Les israélites susnommés se sont dessaisis en faveur de l'oukil de la Grande Mosquée de la totalité de la maison susdésignée, et ce dernier, en vertu des pouvoirs à lui conférés par la susdite autorisation et l'approbation du susdit iman, s'est dessaisi de la totalité des susdits jardin et parcelle habousés, ensemble les quatre norias qui s'y trouvent, tel que le tout se comporte avec ses limites, droits, aisances et dépendances, tant à l'intérieur qu'à l'extérieur.

Echange dont le contrat est valable, exempt de conditions, de clauses de réméré et de droit d'option. Chacune des parties a abandonné à l'autre ce dont elle s'est dessaisi en sa faveur en retour de ce qu'elle a reçu, sauf en ce qui concerne les droits de jouissance de l'eau qui se trouve dans le jardin et qui n'est pas comprise dans l'échange. Au contraire, elle reste à l'état de habous au profit de la susdite mosquée. De leur côté, les susdits israélites se sont obligés envers l'oukil de la mosquée, dans le cas où la rigole qui va de l'oued Kérisch au bassin venait à être dégradée, à faire les réparations nécessaires de leurs propres deniers, à quelque époque que ce soit, de même qu'ils se sont obligés à payer de leurs propres deniers à l'administration supérieure la taxe dont le jardin et la parcelle sont imposés, à quelque époque que ce soit. Obligation dont ils connaissent la portée et qu'ils s'engagent à remplir et à exécuter.

Ils ont été mis en possession des immeubles par l'oukil, après avoir pris connaissance tant de l'objet donné que de l'objet reçu. Connaissance parfaite, excluant toute tromperie et toute ignorance.

L'échange ci-dessus a été conclu entre les parties, conformément à la loi traditionnelle régissant la matière et avec recours en garantie le cas échéant. Moyennant l'obligation consentie par les susdits, l'échange dont s'agit est devenu régulier, définitif et dûment conclu.

En conséquence, la susdite mosquée est devenue propriétaire de la totalité de la maison susdésignée, qui fera dorénavant partie de ses habous, de même que la communauté israélite est devenue propriétaire de la totalité des jardins et parcelle susdits, qui feront partie de ses biens immeubles, de telle sorte qu'elle pourra les convertir en cimetière pour y ensevelir ses morts, ainsi qu'il a été dit, et elle pourra en disposer au même titre que de ses autres biens, sans empêchement, ni obstacle, ni contestation.

Le susdit cadi, ayant pris connaissance de ce qui précède, a approuvé l'échange en ce qui concerne les objets, les parties et les conditions et en a prononcé la validité. Jugement complet, obligatoire, exécutoire, établi en bonne et due forme, après l'accomplissement des formalités légales, et, attendu qu'il est régulièrement motivé, rendu en présence des parties contractantes et de l'honorable el Hadj Ahmed Ilibachi, délégué de l'armée victorieuse du medjlès.

Témoignage a été porté relativement à ce que dessus et vis-à-vis de ce dernier, qui se trouvait dans l'état parfait de capacité, et vis-à-vis des parties contractantes, chacune en ce qui la concerne, par les témoins requis à cet effet, lesquels ont constaté leur état de santé, leur capacité légale et leur identité de personne et de nom.

La convention a été faite quelque temps avant la rédaction de l'acte et de la déclaration des témoins, lesquels acte et déclaration ont été libellés à la date de la troisième décade de Dou el Hidja, dernier mois de l'année 1102 de l'hégire (septembre 1691). Approuvé un renvoi commençant par le mot : D'elle, et finissant par le mot : Succession, signé Ali ben Ider et Abderrahman ben Ali. Apostille du cadi. Les choses sont telles qu'elles sont énoncées au présent. Signé Ibrahim, cadi de la ville d'Alger. Fin de la teneur.

La présente copie a été collationnée avec l'original, auquel elle a été reconnue parfaitement conforme.

Pour validité de la collation, témoignage a été portée ici à la date du premier du mois sacré de Kada de l'année 1139 (30 juin 1726).

Signature illisible.

Dès 1726, la communauté eut à se défendre contre les prétentions de la corporation des jardiniers, qui voulait frapper le terrain d'une taxe non prévue au contrat d'échange : elle obtint gain de cause devant la justice.

Le jugement fut consigné en marge du document dont nous venons de reproduire la traduction. Il est conçu en ces termes :

CACHET DU CADI

Louange à Dieu. Postérieurement à ce qui est énoncé dans la copie autour de laquelle ceci est écrit relativement à l'échange et à l'obligation intervenus entre les susnommés pour les choses dont s'agit suivant le mode susindiqué, l'honorable Mohamed ben Ahmed, vulgairement appelé Achabou, actuellement amin de la corporation des jardiniers, a fait procès aux mokdams actuels de la communauté israélite, qui sont les israélites Juda ben Bezi, Kalfouni ben (blanc dans le texte), Bibi ben Ibrahim Kespi, leur réclamant une taxe en sus de celle que leurs prédécesseurs s'étaient obligés à payer dans l'acte susénoncé lors de l'échange susdit. La taxe que l'amin réclamait est connue chez la corporation des jardiniers sous le nom de Zina (amendement). Les mokdams ont absolument refusé de la payer, en alléguant que leurs prédécesseurs ne s'étaient pas obligés à payer cette taxe et que nul de la corporation des jardiniers ne la leur avait jamais réclamée, depuis la date de l'échange jusqu'à ce jour. A ce sujet, des contestations et des procès eurent lieu entre les deux parties. Elles portèrent l'affaire devant les tribunaux, et le susdit amin fut trouvé non fondé dans sa réclamation, vu le défaut de désignation (dans l'acte) et la longueur du temps écoulé (trente-sept ans), pendant lequel personne ne réclama autre chose que la taxe qu'on s'était obligé à payer et les frais de réparation de la rigole allant de l'oued Kérisch... (plusieurs mots arrachés).

Les choses étant ainsi qu'il est dit, a comparu ce jourd'hui par-devant les deux adels soussignés, l'honorable Mohammed Achabou, amin, en présence des honorables Ahmed ben Messaoud, le jardinier, communément appelé Forsado, Sid Abderrahman ben Mohammed appelé ben el Haddad, Sid Mohammed el Khiat, appelé ben el Kichi, lequel amin a invité les deux adels à témoigner qu'il se désistait de sa réclamation contre la communauté israélite. Désistement parfait, qui ne pourra être suivi de nulle revendication, ni de procès, ni de contestations.... (plusieurs mots arrachés) portent ici témoignage. A la date de la dernière décade du mois sacré de Kada de l'année 1139 (environ 20 juillet 1726).

Deux signatures illisibles.

Après la prise d'Alger en 1830, des difficultés plus sérieuses survinrent. En 1832, l'administration concéda à un sieur Marin plusieurs terrains sis au faubourg Bab-el-Oued actuel, et dans le nombre étaient compris, chose inexplicable, deux cimetières israélites, celui dont il s'agit ici et un autre dont nous parlerons tout à l'heure. La communauté ne se laissa naturellement pas dépouiller sans protester, et il résulta de ce conflit une procédure administrative résumée dans la lettre suivante. Elle est adressée à M. le Directeur des finances à Alger (1) :

Alger, le 8 juillet 1836.

Monsieur le Directeur,

J'ai reçu la lettre que vous m'avez fait l'honneur de m'écrire sous la date du 6 de ce mois au sujet d'un terrain concédé au Sr Marin par l'ad-

(1) Archives des Domaines à Alger. Dossier Cimetières n° 19.

ministration des Domaines et sur lequel la nation israélite a établi un cimetière. Cette affaire avait déjà été traitée par M. Lepasquier. Il résulte en effet d'un dossier existant dans les bureaux de l'Intendance civile, que le 17 décembre 1835 un procès-verbal fut dressé à la requête du chef de la nation israélite contre le Sr Marin pour des excavations qu'il avait faites autour d'une voûte servant aux inhumations des israélites. M. Marin fut alors appelé devant l'Intendant civil, auquel il déclara que le terrain sur lequel il avait exécuté des travaux lui avait été concédé par l'administration des Domaines. Là-dessus, il fut écrit au chef de la nation juive pour lui demander s'il persistait au nom de sa nation dans les prétentions qu'elle élevait sur ce terrain. En réponse à cette lettre, le chef de la nation israélite transmit à l'Intendant civil une traduction authentique du titre de propriété du terrain en litige, qui remonte à l'an de l'Hégire 1139 (1) (ère vulgaire 1726) et qui par conséquent date de cent dix ans.

Je présume qu'en faisant la concession de ce terrain au Sr Marin, l'administration des Domaines ignorait l'existence du titre de propriété produit par le chef de la nation israélite. On ne pourrait donc changer l'affectation actuelle de ce terrain sans le consentement de ce fonctionnaire indigène et sans qu'il fût donné en échange un autre terrain propre aux inhumations.

J'ai l'honneur de vous communiquer le titre de propriété ci-dessus mentionné. Je vous prie de me le renvoyer quand il ne vous sera plus utile.

J'ai l'honneur de vous offrir, Monsieur le Directeur, l'assurance, etc.

Le secrétaire du gouvernement
ff. d'Intendant civil,
Signature illisible.

Au mois de novembre suivant, le contrôleur des Domaines, s'étant transporté sur le terrain en litige, en vérifia l'identité et en attribua la propriété indiscutable à la communauté israélite (2).

Quelques années plus tard, en 1844, les habitants du faubourg Bab-el-Oued adressèrent une pétition à l'administration supérieure, demandant, au nom de la salubrité du quartier, que l'on cessât d'inhumer sur cet emplacement. La réclamation parut fondée et l'on dut y avoir égard. D'ailleurs, le développement que prenait chaque jour le faubourg Bab-el-Oued exigeait que de nouveaux terrains y fussent disposés pour les constructions, et le cimetière en question était sous tous les rapports placé dans des conditions favorables pour les recevoir. En conséquence, le 18 avril, M. le Direc-

(1) En réalité 1102, comme on l'a vu plus haut.

(2) Archives du Consistoire d'Alger. Lettre du Contrôleur des Domaines, à M. Blondel, directeur des finances, en date du 2 décembre 1836.

teur de l'Intérieur écrivit à M. Mardochée Amar, chef de la nation israélite, pour le prévenir qu'à partir du 1er janvier 1845, il serait interdit de faire des inhumations dans le cimetière du faubourg Bab-el-Oued (1).

Cependant, la fermeture de ce cimetière n'eut pas lieu à la date fixée ; l'administration ne disposait d'aucun terrain pour le remplacer. Elle ne s'empara pas moins d'une partie de ce lieu de sépulture, qu'elle livra aux spéculateurs. La portion remise au sieur Marin lui fut maintenue, une autre portion fut concédée au sieur Couput. Le génie militaire établit plus loin une route et une chaussée, qui couvrirent une grande partie des tombeaux (2).

Il se passa alors des scènes de profanation douloureuse, justement flétries par une lettre du Consistoire israélite à M. le Directeur de l'Intérieur, en date du 18 mai 1847 (3). « Un spectacle déplorable, y est-il dit, s'est présenté aux regards : le cimetière, ce lieu de prière et de repos, est livré à la circulation publique, aux envahissements de tous genres, aux entreprises les plus impures. Des brèches y ont été ouvertes de tous côtés, des dépôts de matériaux et d'immondices y ont été établis... Sous ces tristes envahissements, les tombes ont disparu enfouies, les parents ne peuvent plus prier ni pleurer sur les sépulcres de leur famille... Les envahisseurs ne respectent pas plus les tombes récentes que celles d'une date ancienne, et excitée par cette funeste indifférence, une population entière de Maltais et d'Espagnols se rue au milieu du cimetière, y fait paître des troupeaux et dépose des ordures sur ces tombeaux vénérés. »

Le 13 juillet suivant, nouvelle plainte à l'occasion de faits plus graves encore. « L'oued est dévié de sa direction primitive, dit la lettre du Consistoire, un canal voûté et recouvert par une voie publique doit contenir ses eaux. Ce canal dépasse la limite de la concession des sieurs Lichtenstein et Vialar. Il empiète considérablement sur la partie du cimetière non concédée. Une route vient d'être ouverte sur ce

(1) Archives du Consistoire d'Alger. Dossier Cimetières.

(2) Ibidem. Note adressée par le Consistoire à M. le Directeur général en date du 31 mars 1846.

(3) Ibidem.

point ; on a coupé les terres à une profondeur de plusieurs mètres. Des sources, qui y ont été trouvées, suintent au bas de cette tranchée, en minent les bases et vont nécessairement occasionner des éboulements considérables, qui entraîneront avec eux les tombes supérieures et éparpilleront sur le sol les ossements qu'elles renferment. »

Enfin en 1849, le Consistoire signalait à l'autorité administrative l'insuffisance de ce champ de repos, où il n'y avait plus un seul endroit vide et propre à recevoir les inhumations.

Toutes ses communications, il les concluait invariablement en demandant la reconnaissance formelle de ses droits de propriété sur l'ancien cimetière et la remise urgente d'un autre emplacement pour servir de nouveau lieu de sépulture.

Il obtint satisfaction, dans certaines limites, sur les deux points.

En ce qui concerne la propriété, elle ne pouvait lui être sérieusement contestée, puisqu'il produisait un titre authentique, mais il fut déclaré déchu de ses droits, attendu que les corporations n'étaient pas aptes à posséder des cimetières. Le terrain fut dévolu au domaine de l'Etat (1857). Bientôt après, il fut alloti et vendu en détail. La vente comprenait, en sus de l'immeuble, les marbres funéraires et les substructions des tombes. Le 16 janvier 1867, le Consistoire se rendit acquéreur, par adjudication publique, de quatre de ces lots, dont un renfermait la dépouille des rabbins et était appelé, pour ce motif, le Midrasch, mot qui veut dire école rabbinique. C'est le nom dont nous nous sommes servi pour désigner l'ensemble de ce deuxième cimetière. Il est question d'entourer ces terrains de murs de clôture, afin de les soustraire aux profanations auxquelles ils sont exposés.

La deuxième demande du Consistoire reçut une solution plus heureuse. Sur l'invitation de l'autorité supérieure, la ville d'Alger fit l'acquisition d'un terrain de trois hectares cinquante ares, sis à l'ouest du cimetière communal, sur la route de Saint-Eugène et appartenant à M. Couput, et elle le mit à la disposition du Consistoire, avec jouissance sans contrôle, pour servir de lieu de sépulture. On commença à y enterrer au mois de novembre 1849.

CHAPITRE III

Cimetière Bacri

Un troisième cimetière, situé à l'ouest et à quelques pas du précédent, fut acquis en 1795, ainsi qu'il résulte de l'acte suivant, dont la traduction française est conservée dans les archives du Consistoire d'Alger.

Là voici textuellement :

Louange à Dieu. Après que le Sid Abd el Kader ben Mohammed, dit el Nedjar, dénommé dans l'acte qui précède ci-dessus, eût constitué en habous et consacré à Dieu très haut la totalité d'un jardin potager dit Behirat el Annaba, situé hors de Bab-el-Oued, l'une des portes d'Alger, à Oued el Sekayn, et limité à l'est par le dit oued ou ruisseau complanté de figuiers jusqu'à la route qui se trouve sur le pont. De là, on suit cette route du côté du sud jusqu'à un figuier qui se trouve presque au-dessus. Du figuier l'on tourne vers l'ouest en suivant un mamelon et en descendant jusqu'à un autre pont qui traverse le ruisseau en question, et au-dessus duquel passe un conduit. De là, on tourne vers le nord, on suit le ruisseau et l'on arrive au pont d'où l'on est parti.

Ces limites ont été constatées par le témoignage d'honorables personnes qui sont : 1° Sid Abderrahman ben Mohammed dit Essanandj ; 2° Mohammed, amin des jardiniers; 3° Mohammed ben el Arbi, oukil actuel d'Hussein Pacha ; 4° Mohamed ben Amar, jardinier, dit Essaboundji ; 5° Mohammed ben Mohammed, chaouch de la Mecque et Médine, dit el Cobri ; et en présence des témoins du présent.

Le habous a été fondé dans les termes suivants. Le fondateur s'est réservé pendant sa vie l'usufruit de cette propriété pour après sa mort passer à ses enfants actuellement existant, qui sont : Ali et Ymouna, et à tous les enfants que Dieu pourra lui accorder durant le reste de sa vie, n'importe le sexe, puis à leur postérité, les hommes devant avoir une part égale à celle de deux femmes. La part de celui qui mourra en laissant des enfants appartiendra à ses enfants, et la part de celui qui mourra sans enfants devra appartenir à ses co-usufrutiers qui seront de même degré que lui, les enfants ne pouvant jouir de l'usufruit qu'après la mort de leur père.

Lorsque toute la postérité sera éteinte, le habous devra passer à la Mecque et Médine, suivant que le tout résulte de l'acte ci-contre précisé. Maintenant le habous dudit jardin potager se trouve dévolu aux deux frères Ali et Dahman Tisseran, enfants de Hadj Mohammed, sans autres.

Maintenant lesdits frères Ali et Dahman voulant échanger le jardin contre un autre immeuble d'une valeur égale, et ce dans leurs intérêts, ils se sont présentés devant le cheik, qui est Sid Ahmed Effendi, cadi hanéfi actuel d'Alger, qui a apposé son cachet à droite de cet acte, et auquel ils ont fait part que les deux Israélites qui sont Mikayou (1) ben David, connu sous le nom de ben Zahout, et Neftali ben Mouchi, connu sous le nom de Boudjenah, leur offraient en échange dudit jardin potager une campagne située au Fahs de Khandok el Zhamik hors la porte neuve d'Alger, leur appartenant en toute propriété, suivant un acte du Bit el Mal, qui a apposé son cachet. Le cadi lui a répondu par l'ordre de prouver que cette campagne était de valeur égale audit jardin potager. Les susnommés, obtempérant à cet ordre, ont fourni cette preuve par le témoignage d'honorables personnes qui sont : 1° Mohammed ben Abd el Ouahed, amin, marchand de beurre ; 2° Ahmed ben el Hadj Ibrahim ; 3° Sid Mohammed ben el Guelé Tisseran ; 4° Sid Ibrahim ben Mohammed Jammen ; 5° Mahi Eddin ben Mohammed ben el Hadj Tisseran, et 6° Youssef ben Mustapha Tisseran, lesquels ont déposé que la campagne offerte en échange dudit jardin potager est d'une égale valeur et plus importante même dans l'intérêt du habous. Après ce que dessus, ledit cadi a autorisé ledit échange d'une manière régulière, ainsi qu'il est à notre connaissance. En cet état de choses, lesdits Ali et Dahman ont pris les deux témoins des présentes en témoignage sur eux-mêmes, déclarant échanger avec lesdits israélites Mikayou et Neftali ledit jardin contre ladite campagne, de sorte qu'Ali et Dahman se sont dessaisis du habous dudit jardin qui devient la libre propriété (melk) desdits Mikayou et Neftali, lesquels désormais pourront en user et en disposer comme bon leur semblera. D'un autre côté lesdits Mikayou et Neftali se sont dessaisis de ladite campagne en faveur d'Ali et de Dahman, qui en deviennent possesseurs à titre de habous de la même manière et avec les mêmes conditions que ledit jardin potager était fondé en leur faveur. Cet échange est parfait et les parties ont de part et d'autre pris possession des immeubles respectifs à titre de ce qui est expliqué plus haut.

Après ce que dessus les mêmes parties ont requis le cadi de prononcer la validité du présent échange. Ce magistrat, faisant droit à leur requête, prit les deux témoins des présentes en témoignage sur lui-même déclarant prononcer en conséquence. Le tout a été fait d'une manière parfaite et légale. Les deux témoins soussignés ont en faveur de ce que dessus et du susnommé porté leur témoignage étant dans l'état légal.

Le présent a été fait avec l'autorisation du souverain Hassan ben Hussein, pacha actuel, qui nous l'a envoyé par son commissionnaire le biskri Embarek. Moyennant cet échange, lesdits israélites sont définitivement les propriétaires dudit jardin potager, et ils l'ont converti en cimetière pour inhumer leurs morts. Ils pourront en disposer comme de chose leur appartenant, sans que personne puisse les empêcher ni apporter le moindre obstacle. A la date des derniers jours de Châban douze cent dix, de notre ère mille sept cent quatre-vingt quinze. Témoins signifiés : El Arbi, Amohammed.

(1) Mardochée.

Après la conquête, ce cimetière, qu'on appelait aussi Béhirat el Arondj (jardin de l'orange amère) et Ayoun Skakna (sources chaudes) et que nous désignerons sous le nom de cimetière Bacri, fut revendiqué par l'administration française au même titre que les autres; mais M. David Cohen Bacri, interprète judiciaire, se portant comme héritier de Mardochée Bacri ben Zahout, mentionné dans l'acte, intervint en cause et le réclama comme propriété de sa famille. Sa prétention fut admise. Cet immeuble, conservé jusqu'à ce jour dans l'état où il se trouvait, avec ses tombes intactes, fut loué à un maraîcher, qui y construisit une maison d'habitation et qui y cultive les espaces restés libres.

CHAPITRE IV

DÉPOTS ACTUELS DES PIERRES TUMULAIRES

Les inscriptions tumulaires que nous publions proviennent toutes des trois cimetières que nous venons de décrire; mais comme beaucoup de pierres furent dispersées au moment des expropriations, nous avons été obligé de les rechercher sur divers emplacements, que nous allons brièvement indiquer et dont nous désignerons chacun par une des lettres A, B, C, D, E, F.

A. — Dans le cimetière actuel de Saint-Eugène, un peu plus haut que les autres tombes et disposés l'un en avant de l'autre, se trouvent deux ossuaires en maçonnerie, adossés contre la déclivité du terrain et longs chacun de plusieurs mètres. Là ont été recueillis les restes mortels de rabbins vénérés, qui reposaient la plupart dans l'antique cimetière de Ribasch. Les plaques de leurs tombeaux sont rangées les unes à côté des autres sur la partie supérieure de la construction. Des inscriptions modernes portant leurs noms sont appliquées contre le mur de façade. Devant le plus élevé et le plus important de ces ossuaires est ménagée une petite place, où l'on dépose le corps des personnes pieuses avant l'ensevelissement et où le rabbin prononce leur oraison funèbre.

B. — Beaucoup d'anciens marbres funéraires sont réunis à l'entrée du cimetière actuel, du côté gauche. Cette réserve diminue journellement, car l'administration de la communauté tire parti de ces marbres, qui sont presque tous en forme de dos d'âne, en les vendant pour servir à de nouveaux tombeaux. A cet effet on gratte les inscriptions primitives et on les remplace par d'autres. Nous avons recueilli celles qui nous ont paru dignes d'être conservées.

C. — Lot de l'ancien cimetière Bab-el-Oued, appelé Midrasch et appartenant à la communauté. Les tombes qui y existent sont celles de rabbins ou de mokdams (chefs de la nation). C'est en l'honneur des premiers que cet emplacement porte le nom de Midrasch, qui veut dire en hébreu école rabbinique.

D. — Ancien cimetière d'Ayoun Skakna, actuellement propriété des héritiers Bacri.

E. — Les 21, 22 et 23 novembre 1884, en creusant les fondations d'une maison sur un terrain dépendant de l'ancien cimetière du Midrasch, on mit à jour un certain nombre de marbres funéraires fort bien conservés. Ils datent du milieu du dernier siècle. Ils sont actuellement remisés dans la maison nouvellement construite.

F. — Sur la façade d'une ancienne poudrière, située à l'Amirauté, et qui sauta en 1845, le génie, qui la restaura, encastra quelques inscriptions hébraïques au milieu d'autres en arabe, turc et espagnol. Elles proviennent, pour la plupart, du cimetière du Midrasch et appartiennent à différentes époques, les unes relativement anciennes, les autres toutes récentes.

Dans les notices qui vont suivre, après le numéro d'ordre de chaque inscription, nous donnerons la lettre indicative de l'emplacement où elle a été copiée.

LES
INSCRIPTIONS TUMULAIRES

1. — F.

JUDA KHALLAÇ

1620

Plaque de marbre blanc mesurant $1^{m}60$ de longueur sur $0^{m}40$ de largeur. Nul ornement. Inscription en caractères raschi gravés en relief et d'une fort belle exécution (1). Seize lignes formant quatre strophes de quatre vers chacune. Les vers riment trois par trois, sauf dans la quatrième strophe, et le quatrième avec le huitième, le douzième et le seizième.

C'est le rythme appelé שיר חרוזי, chant rimé.

INSCRIPTION

אבן בחילה   תען באלה   כי הוא למעלה   על איש יהודה
[כ]לץ מקורא   [נ]צ[ב]ה והורה   לצבי עטרה   זאת ליהודה
חכם ודיין   רופא מצוין   גבור מזוין   דת וק · · · · ·
שע"י שנ[תה]   באייר עלת[ה]   עדן נוחו   קדש יסודה

TRADUCTION

Cette pierre dans la douleur — annonce avec imprécation — qu'elle est au-dessus — de l'homme Juda, — appelé Khallaç. — Elle fut placée et établie — pour un ornement de gloire : — Ceci fut pour Juda. — Rabbin et dayan, — médecin distingué, — héros armé. — La loi et...... — Son année fut 380, — en iyar elle est montée, — son repos est au paradis, — la sainteté est sa base.

(1) L'emploi du type raschi fut évidemment dicté au sculpteur par un scrupule religieux. J'ai rencontré ce type sur un fragment d'une autre inscription qui semble provenir du même ouvrier. Le caractère carré lui paraissait sans doute trop sacré pour l'exposer aux profanations du plein air. C'est pour une raison analogue et par dérogation aux dispositions expresses du code rabbinique (Eben Haézer, 126, 1) que le caractère raschi est en usage à Alger pour la rédaction des actes de divorce.

Né à Tlemcen, Juda Khallaç vint à Alger en 1590, l'année de la mort du rabbin Tzémach Duran II (1), et il devint dayan, c'est-à-dire assesseur du tribunal rabbinique. Outre ses connaissances en talmud et en médecine, il paraît avoir été également poète, car il rédigea en vers une question casuistique dont il demanda la solution à Salomon Duran II (2). Il composa aussi un poème de louanges lors de l'achèvement du *Commentaire sur les Proverbes* par ce rabbin célèbre (3). Il fut élève de celui-ci et élève bien-aimé, car son maître, répondant en vers à sa question en vers, termine sa réponse par ces mots :

כאות נפשך בני יקירי ונפש אותך אוהב אהבה רבה

Juda Khallaç était petit-fils de l'auteur homonyme du ספר המוסר. C'est ce qui résulte de cette réponse même de Salomon Duran, qui y dit en parlant du premier :

והוא נכד לרב קדוש וחכם בנעלמות ועשר מאמרות....

Ces mystères et ces dix paroles ne peuvent désigner que la Kabbale, dont l'auteur du ס'המוסר fait un usage fréquent. Conformément à l'hypothèse de M. Neubauer (4), il y aurait ainsi trois Juda Khallaç :

1° L'auteur du *Commentaire sur Raschi ;*
2° L'auteur du ס'המוסר;
3° Le contemporain de Salomon Duran.

Quoique cette famille fût originaire d'Espagne, son nom paraît être arabe. Comme beaucoup d'autres noms patronymiques qui appartiennent à cette langue et qui étaient usités en Catalogne et en Aragon au temps de Ribasch, il remonte à l'époque de la domination des Arabes dans la Péninsule. Il se prononcera donc, comme M. Steinschneider l'a pensé (5), Khallaç. Ce mot signifie collecteur d'impôts, percepteur, et

(1) *Taschbetz,* IVe partie, IIe section, réponse 12.
(2) *Ibid.,* Ire section, n° 32.
(3) *Revue des Etudes Juives,* tome V, page 51.
(4) *Ibid.*
(5) *Ibid.,* page 58, note 3.

il désignait sans doute une fonction du Trésor. En 1734, un israélite d'Alger s'appelait Moïse Contador, ce qui semble être la traduction espagnole de Khallaç (1).

Contrairement à l'opinion de M. Neubauer, la famille de Juda ne paraît pas avoir eu le titre de cohen. Sa pierre tumulaire, en effet, ne porte pas les deux mains étendues, emblème des cohanim. De plus, le registre des Ketubot de la communauté d'Alger relate, en 5547 (1787), le nom d'un Jacob Khallaç, כלאץ. Si cet individu avait été cohen, sa ketuba, document si important au point de vue de la filiation, n'aurait pas manqué de l'indiquer.

Il est vrai d'ajouter qu'il existait à Alger une famille de cohanim appelée Khallaç; mais ce nom s'écrivait כלאס, avec un samekh. Sur le registre des Ketubot, on trouve, en l'an 5548, un individu nommé משה הכהן ב"ר הלל הכהן כלאץ נחמיה.

D'après cela, il faudrait admettre qu'il y avait deux familles Khallaç, dont l'une portait le titre de cohen, et l'autre non.

---

2. — F.

JOSEPH ET TOBIA SEROR

1625

Plaque de marbre blanc mesurant 0m60 de longueur sur 0m50 de largeur. Inscription en creux comprenant huit lignes formant quatre distiques monorimes. C'est le rythme appelé שיר קשור, chant lié.

INSCRIPTION

אחים אשר ספו יחד ונאספ   בושו וראש חפו מתו במגפה
יוסף צרור נקרא נעים יפה צורה   לו תקראו מר נפשו במר עיפה
אחיו אשר נקבר לפניו ולו חובר   עוזו הלא נשבר עבר כמו סופה
חדש פטירתם אב ולשנתם   סימן פקידתם לפרט שנת שפה

TRADUCTION

Dès frères qui périrent ensemble et furent enlevés,
Confus et la tête baissée, moururent de la peste.

(1) M. J.-M. Haddey (Albert Devoulx), *Livre d'Or*, page 51. Cf. aussi notre opuscule : *Les Israélites d'Oran*, page 15.

L'un s'appelait Joseph Seror, agréable, de belle figure.
Appelez-le Amer, son âme fut rassasiée d'amertume,
Son frère, qui est enterré à côté de lui, réuni à lui,
Sa force fut brisée, et il passa comme le vent.
Le mois de leur départ est ab, et quant à l'année,
L'indication, suivant le petit comput, c'est l'an 385.

Le tombeau de Tobia ne se distingue de celui de son frère que par une légère variante dans l'épitaphe, où il est dit que le défunt n'était pas marié.

La date hébraïque correspond à juillet-août 1625.

Cette année ne figure pas sur le relevé chronologique des apparitions de la peste à Alger, publié par M. Berbrugger. (1)

Suivant la tradition, la famille Seror est כפוסייא, c'est-à-dire d'origine espagnole ; mais elle n'arriva pas à Alger avec les expulsés de 1391. Peut-être fut-elle parmi ceux de 1492. Il y a des Abi-Seror au Maroc. Le fameux rabbin voyageur Mardochée, né à Akka, était un Abi-Seror. Ce nom pourrait être celui de צרור, porté par un des descendants de Saül, roi d'Israel (2). Cependant il y a en arabe le nom de Serour, qui sert à désigner la tribu des Oulad-Serour en Algérie. Le préfixe Abi est une présomption en faveur d'une étymologie arabe, quoique d'ordinaire le sîne ne se transcrive pas en hébreu par un צ.

---

3. — A.

SALOMON DE TOBIA SEROR

1664

Plaque de marbre ayant 1m60 de longueur et 0m75 de largeur. Hauteur de la partie écrite, 1m15. Epitaphe de huit lignes, disposées deux par deux, et formant quatre distiques monorimes. Caractères en creux, destinés à être remplis de plomb. Le plomb a disparu, sauf dans quelques lettres.

(1) Mémoire sur la peste en Algérie, dans *Explorations scientifiques de l'Algérie*, sciences médicales, II, p. 205.

(2) I Samuel, IX, 1.

INSCRIPTION

ידי באנחתי מאד הן כבדה   לחקוק עלי אבן בעט עופרת
יום קדרו סהר וחמה אפלו   יום בו חרון אף אל בעוז פוררת
הרב שלמה בן לטוביה צרור   עלה לרום מרום כמו אזכרת
ניסן שנת קדשך לעולם אזכרה   תמיד לדור דורים יהי משמרת

TRADUCTION

Dans mon chagrin, ma main est si pesante
Pour graver sur la pierre avec un stylet de plomb
Le jour où le soleil et la lune se voilèrent, s'obscurcirent,
Le jour où la colère de Dieu s'abattit avec violence !
Le rab Salomon, fils de Tobia Seror,
Monta aux cieux élevés comme un encens.
De Nissan 424 à tout jamais je me souviendrai,
Toujours, jusqu'à la fin des siècles, il sera perpétué.

Salomon Seror, grand rabbin d'Alger, décédé vers avril 1664, fut grand-père de Raphaël-Jedidia Seror, l'auteur de פרי צדיק (1), et peut-être petit-fils de son homonyme Salomon Seror, l'auteur de la deuxième partie de חוט המשולש.

---

4. — A.

ISAAC NAHON

1664

Plaque de marbre mesurant 1m79 de longueur et 0m56 de largeur et entouré d'un filet creux en forme d'arceau mauresque. Dans la partie supérieure de l'arceau, des arabesques en creux. Hauteur de la partie écrite, 1m08. Epitaphe de dix lignes en creux, autrefois remplies de plomb, et formant un poème régulier de cinq distiques monorimes.

INSCRIPTION

האספו התעוררו ספדו   הקבצו כל הבחורים
יש נפטר חכם ותיק   משניות ידע ושגורים
על פיו נקרא יצחק 'ת'מ'ך   בכהר יוסף הם נברים
נהון יום הרביעי בשש ע   שראל (sic) תמוז סוף נגזרים (2)
שנת התכד שבה נפשו   עולמה עם שבע הברורים

(1) Voir préface de cet ouvrage.
(2) La lecture de ce mot n'est pas sûre.

TRADUCTION

Rassemblez-vous, réveillez-vous, pleurez,
Réunissez-vous, tous les jeunes :
Il est mort un rabbin distingué,
Qui savait la Mischna par cœur
Sur ses lèvres. Il se nommait Isaac (honneur à sa couche !)
Fils du respectable Joseph, ils s'appelèrent
Nahon. Le mercredi 16
Tammuz, fin des jours à lui accordés,
De l'an 5424 son âme retourna
Dans sa patrie avec les sept élus (1).

La date hébraïque correspond au 9 août 1664.

Salomon Seror parle, dans Hout Hameschulasch, deuxième édition, nº 8, d'un Isaac Nahon, qu'il appelle son ami אהובנו, et qui vint de Tétuan se fixer à Alger. Il fut sans doute le grand-père de celui qui figure dans notre inscription.

L'étymologie du nom parait être arabe : à Alger, il se prononce Nahwen.

---

5. — A.

MOISE MOATI

1675

Plaque de marbre sculptée en forme d'arceau mauresque et entourée d'un rebord de 3 centimètres de largeur. Dans la partie supérieure, ce rebord forme un triangle de chaque côté. Longueur 1m78, largeur 0m69, hauteur de la partie écrite 1m10. Epitaphe de seize lignes formant 8 distiques monorimes. Caractères creux, destinés à être remplis de plomb.

(1) Allusion à l'un des deux passages suivants du Talmud : 1° Sept personnes sont couchées dans une gloire éternelle et ont été soustraites à la corruption du sépulcre : Abraham, Isaac, Jacob, Moïse, Aron, Miriam et Benjamin. (*Traité Déréch Eretz Suta*, 1.) – 2° Quels sont les sept pasteurs (dont parle le prophète Michée au chapitre V) ? Ce sont David au milieu, Adam, Seth, Mathusalem à sa droite, Abraham, Jacob, Moïse à sa gauche. (*Traité Suca*, 52 b.)

INSCRIPTION

אנחה במקום שמחה כבדי פלחה טוחות וכוחות דוכאו נשברו
קרחה בראש אקרח ולא תתגודדו אשכח וכוחות הזכירה סרו
על איש חכם לבב ושלם אב לבית דין ופסקיו נודעו ניכרו
השערה יקלע וגם לא יחטיא שש סדרי משנה בפיו נסדרו
איך שונאי השש לאבני שש כסות לבשו ביום קרה ויתקררו
האיש שמו משה ומועטי יעטה תום וענוה כמעיל חוברו
נאסף בכסלו שנת ת'ל'ה ל'פ'ק בו כל צבא מרום שמחו אמרו
בוא נא בשלום נפשך תלין בטוב גם זרעך יירש ארצות בצרו

TRADUCTION

L'affliction, remplaçant la joie, a percé mon cœur;
Mes reins et mes forces sont abattus, brisés;
Je rase ma tête, et j'oublie la défense:
Ne vous faites pas d'incisions (1); ma mémoire s'en va,
A cause d'un homme intelligent et parfait, président
Du Tribunal, dont les décisions furent renommées, adoptées.
Il visait au but et ne le manquait pas.
Les six parties de la Mischna étaient sur ses lèvres.
Comment les ennemis des six choses sont-ils sous le marbre? (2)
Couverts d'habits au jour du froid, ils se sont refroidis.
Celui qui s'appela Moïse Moati revêtit
Comme un manteau l'intégrité et la modestie réunies.
Il fut enlevé en Kislev 435 du petit comput.
Toute l'armée du ciel se réjouit et lui dit:
Viens en paix, ton âme reposera dans le bien,
Et ta postérité possèdera un pays fort.

La date hébraïque correspond à novembre-décembre 1675.

Le nom de Moati est un prénom arabe.

(1) Deutéronome XIV, 1.

(2) Il y a dans ce vers un jeu de mots intraduisible, roulant sur le mot שש qui veut dire à la fois six et marbre. Les six choses en question sont énumérées dans *Proverbes* VI, 16 : « Dieu hait six choses, il y en a sept qu'il abhorre : les yeux hautains, la langue mensongère, les mains qui répandent le sang innocent, le cœur qui forme de pervers desseins, les pieds qui se hâtent pour courir au mal, le faux témoin qui prononce des mensonges et celui qui sème des dissensions entre frères. »

6. — A.

JOSEPH NAHON

1675

Plaque de marbre longue de $1^{m}91$, large de $0^{m}73$, et entourée, pour tout ornement, d'un filet creux. Hauteur de la partie écrite : $1^{m}15$. Caractères creux destinés à être remplis de plomb. Inscription de dix lignes formant cinq strophes de quatre vers chacune. Ces vers riment trois par trois, et le quatrième, qui est la fin de la strophe, rime avec la fin des autres strophes. Ce poème médiocre est suivi de deux petites lignes renfermant les mots נפטר לבית עולמו.

INSCRIPTION

קול בכיה ונהי נהיה על איש היה חכם ארים
כן תשנה (sic) נשים קינה אוי ואנינה על ראש הרים
על הר יוסף נהון מוסיף דעת כוסף סוד וסתרים
בשבט נעדר יוד בו קדר שמשו כי דר גוש וקברים
בשנת תלה נפשו עולה תתעדן לה עם ראש הרים

TRADUCTION

Une voix de pleurs et de gémissements
J'élève sur un homme qui fut rabbin.
Que de même les femmes poussent des plaintes,
Des cris et des soupirs sur le sommet des montagnes,
A cause de rabbi Joseph Nahon, plein
De science, avide d'étudier le mystère (1)!
En chebat il disparut, le 10 son soleil
S'obscurcit, car il alla habiter les tombeaux.
En l'an 435, son âme monta,
Se délecter avec le père des monts. (2)

Joseph Nahon était sans doute fils d'Isaac, dont il est question plus haut, § 4, et dont le père s'appelait également Joseph. La date hébraïque de sa mort correspond au 6 février 1675.

(1) La Kabbale.

(2) Abraham. Cette désignation fait allusion à un passage du Talmud (Rosch Haschana, 11 a) où les trois patriarches Abraham, Isaac et Jacob sont appelés monts, הרים.

7. — A.

ARON DURAN

1676

Plaque de marbre longue de 2^m08, large de 0^m76, et entourée d'un rebord de 5 centimètres de largeur. La partie supérieure est divisée en deux parties égales, au moyen d'un T renversé, sculpté en relief et dont les bras ont également une largeur de 5 centimètres. Dans chacun des deux carrés ainsi ménagés se trouve une rosace en creux. Hauteur de la partie écrite : 1 mètre. Au-dessus, la moitié d'une rosace; au-dessous, un joli pot de fleurs haut de 0^m44 ; le tout, sculpté en creux. L'inscription est également en creux et avait été primitivement remplie de plomb. Elle se compose de dix-huit lignes réunies deux par deux et formant neuf distiques monorimes.

INSCRIPTION

שמש וסהר אספו נגהם   כימה כסיל עיש מאד קדרו
יום משמי ערץ עדי ארץ   השליך לתפרתו (sic) ועם נבחרו
שלח למשחיתים ברוב אפו   בניו ביד דבר הלא נסגרו
בלע ולא חמל נאות יעקב   באו באשמנים ובם נקברו
שנה עלי שנה במר אספוד   על מות נשיא עמו ובו נכתרו
חכם וגם דיין כ"הר אהרון   נודע לבית דוראן בשם נפארו
ודע תשיעי הוא להרשבץ   חורים וטפסרים אשר אושרו
יום חי במו תמוז שנת ושענו   רוחו ונשמתו בציר נקשרו
יעמוד לקץ ימין ביום יקבוץ   יאסוף לנדחים ועם נפזרו

TRADUCTION

Le soleil et la lune ont perdu leur éclat,
Les pléiades, Orion et l'Ourse se sont obscurcis,
Le jour où du haut des cieux Dieu précipita
A terre sa gloire, et dans sa grande colère
Livra son peuple élu aux destructeurs :
Ses enfants furent abandonnés en proie à la peste.
Il désola sans pitié les demeures de Jacob.
Ils vinrent dans les lieux déserts et y furent enterrés.
An par an, je pleurerai amèrement
La mort du prince, de la couronne du peuple,

Du rabbin, du dayan, l'honorable Aron,
De la maison Duran au nom glorieux.
Sache qu'il descendait au neuvième degré de Raschbatz,
Père d'hommes nobles et de seigneurs célèbres.
Le 18 de tammuz de l'an 436
Son esprit et son âme connurent la douleur.
Il ressuscitera à la fin des temps, lorsque seront rappelés,
Réunis les exilés du peuple dispersé.

Aron Duran n'est pas mentionné sur la généalogie de la famille Duran, due aux recherches de M. Abraham Cahen (1). Descendant au 9e degré de R. Simon ben Tzémach, il doit prendre rang à côté de Tzémach, mort en 1727, soit comme frère de celui-ci, soit comme fils de Simon, mort en 1623, soit comme petit-fils de Tzémach, frère de Jona.

Il figure sur le nécrologe de la Grande Synagogue, nécrologe que l'on récite le samedi, à l'office de Minha, avant la rentrée du Sépher.

La date hébraïque correspond au 1er juillet 1676. La peste de cette année est mentionnée par Berbrugger (2).

Le nom de Duran, qui, a exercé l'imagination des étymologistes, paraît être le prénom Duran ou Durand, qui est encore très répandu en Catalogne et qui correspond peut-être à l'hébreu Jéheskel, comme Vivant et Vita à Haïm, Crescas et Crescent à Tzémach (3).

---

8. — A.

MOISE SIARI

1679

Plaque de marbre entourée d'un rebord large de 4 centimètres et ornée dans sa partie supérieure d'un dessin ogival en relief. Dans les angles de droite et de gauche, des fleurs en creux. Dimensions de la plaque : longueur 1m75, largeur 0m67. Hauteur de la partie écrite : 1m52. L'inscription com-

(1) Ouvrage cité, p. 199.
(2) Voir Exploration scientifique de l'Algérie, vol. cité, 1.21.
(3) Cf. Isidore Loeb, Liste nominative des Juifs de Barcelone, dans *Revue des Etudes Juives*, IV, page 71 vo Crescas, p. 74 vo Jasquell, p. 77 vo Vinant. Le nom de Karsenty, si répandu dans l'ouest de l'Algérie, n'est qu'une corruption pour Cresciente.

prend 24 lignes, formant 12 distiques monorimes, plus au commencement le sigle funéraire ת'נ'צ'ב'ה', qui signifie : Que son âme soit enveloppée dans le faisceau de vie. Les caractères sont en creux et avaient été primitivement remplis de plomb, qui existe encore dans quelques mots.

INSCRIPTION

לבי למו אב כחלילים יהמה   ורתת וחלחלה בכל מתנים
ואהיה שומם ואותי אחזו   צירים ולב נמס ופיק ברכים
כי נאסף אבי צניף ראשי אשר   היה בחיו לי כסות עינים
לכן שעו מני אמרר בבכי   עד כי דמעי יזרמו כמים
ואעורר מספד ואילילה יליל   גדול אשר יגע עד אגלים
אולי אהי שקט ואבליגה מעט   מזער ולא אהיה רפה ידים
נקרא כה"ר משה לבית צ'ייא'רי   לא יערוך אותו זהב פרוים
חכם וכל חכמי זמן נגדו כמו   מר מדלי וכמו אבק מאזנים
שלם בעיונו ונגדו כל בני   גילו במורא יכרעו אפים
מחזיק ידי דלים ואביונים בכל   ימיו ותמיד הוא נקי כפים
גופו בקבר דר אבל נפשו בגן   עדן בחופה רחבת ידים
נאסף שלש ימים באלול של שנת   ה'תל'ט בתוכחת אדון שמים

TRADUCTION

Mon cœur gémit sur mon père comme une flûte (1),
Frisson et tremblement agitent mes reins.
Je suis atterré, et en proie
Aux douleurs. Mon cœur se fond et mes genoux chancellent,
Car mon père a été ravi, le diadème de ma tête,
Qui fut de son vivant le voile de mes yeux.
C'est pourquoi laissez-moi, je veux pleurer amèrement
Jusqu'à ce que mes larmes jaillissent comme de l'eau.
Je ferai retentir des lamentations, je pousserai
De grands cris, qui s'élèveront jusqu'à la source de la rosée.
Peut-être aurai-je du répit, pourrai-je me remettre
Un instant, et mes mains ne seront-elles pas sans force.
Il était appelé Moïse, de la famille Siari.
L'or de Parvaïm ne saurait payer son prix :
Savant, tous les savants du siècle à côté de lui
Etaient comme une goutte au bord du seau, comme la poussière de [la balance ;
Infaillible dans son coup d'œil, devant lui
Tous ses contemporains se prosternaient avec respect ;

(1) Imité du verset d'Isaïe, XLVIII, 36. Le texte porte למואב, sur Moab, en un mot. En deux mots למו אב, le sens est celui que nous donnons ici.

Soutenant les humbles et les pauvres toute
Sa vie, et ayant toujours les mains pures.
Son corps repose au tombeau, mais son âme est au jardin
D'Eden, dans un pavillon aux vastes dimensions.
Il fut enlevé le 3 d'élul de l'an
5439 par la colère du Maître des cieux.

La date hébraïque correspond au 10 août 1679.

---

9. — A.

MARDOCHÉE ZERBIB

1686

Plaque de marbre fruste, longue de 1m22 et large de 0m51. Hauteur de la partie écrite : 0m51. Inscription de dix lignes d'une mauvaise écriture en creux et formant cinq distiques monorimes. Au-dessous de l'inscription, un filet courbe également en creux.

INSCRIPTION

אוי כי האיש מקנה אשר שמן   יהי אוכל והכחוש יהי מניח
כן הזמן הרע לכל נבר יהי   בוגד ואל הפשעים יצליח
זאת מצבת עופר ירא האל וסר   מרע חכם לב צפנת פענח
המשכיל ה"ר מרדכי זגביב ש'ח'ל   יחיד בבית אביו והניחו במר יצריח
נפשו בב'ומים באב של שנת   התמו לצור עלתה לאשה ריח

TRADUCTION

Hélas! il inspire l'envie, l'homme qui mange
Le gras et laisse le maigre :
Ainsi, le temps perfide trahit
Les justes et fait réussir les pécheurs.
Voici le monument d'un adolescent craignant Dieu,
Se détournant du mal, au cœur sage, comprenant les choses cachées.
C'est le maskil (1) Mardochée Zerbib (la vie sur Israël!).
Il était fils unique de son père, qu'il a abandonné se lamentant amèrement.
Le 2 ab de l'an 5446,
Son âme remonta, offrande agréable, vers le Créateur.

(1) Le titre de maskil, qui veut dire intelligent, immédiatement inférieur à celui de haham, rabbin, était et est encore donné en Algérie à ceux qui n'ont qu'une connaissance superficielle de la science juive.

La date hébraïque correspond au 24 août 1686.

Zerbib, nom arabe, peut venir de l'adjectif Zoughboub, petit. On trouve quelquefois, en effet, זוגביב, avec un vav.

---

10. — A.

DAVID ZACUTO

1692

Plaque de marbre, longue de 1^m74, large de 0^m75. La partie écrite mesure 0^m39 de hauteur et est surmontée d'une fleur haute de 0^m39. Au-dessous, il y a une autre fleur, haute de 0^m82. L'inscription comprend vingt lignes, disposées deux de front et formant dix distiques monorimes. Elle est en creux ainsi que l'ornementation.

INSCRIPTION

תבל מקורת כל יסוד הבל עדי　　אן ארת קשרת רוח ומתנכרת
קורא הלא דגר ולא ילד ואיך　　ארת כל פרי בטנך תהי עוקרת
הה לנבונים בין אבנים שוכנים　　אויה לחכמתם אשר נעדרת
אם בערה אש בארזים גבהו　　מה יעשה אזוב אשר בגדרת
זאת מצבת קבר כ'ה'ר דוד בה"ר　　אברם ז׳׳׳׳ו מאבילי קורת
איש תם וישר איש ירא האל וסר　　מרע ואיש ענו ורב תפארת
גבר חכם לבב נבון לחש תמים　　דעים רחב שכל כים כנרת
בקי בסוד עשר ספירות עד מאד　　ובמשפטי דינים ברוב מזכרת
ובמחקרי טבע ומה שאחרי　　טבע ובתכונה ובתשבורת
נפשו ביו ומים לחשון של שנת　　התנ"ב בעדן היתה לגבורת

TRADUCTION

Nature, appui de toute fondation vaine, jusques
A quand seras-tu tyrannique et marâtre ?
La perdrix couve et enfante, mais toi,
Tu arraches toi-même le fruit de tes entrailles ;
Ah ! les intelligents sont couchés parmi les pierres !
Hélas ! leur sagesse a disparu.
Si le feu a brûlé les cèdres élevés,
Que fera l'hysope de la haie ?

Voici le monument funéraire de l'honorable David,
Fils d'Abraham, des affligés de Jérusalem,
Un homme intègre et droit, un homme craignant Dieu et se détournant
Du mal, un homme modeste et plein de gloire,
Un homme au cœur sage, habile à parler, aux pensées
Justes, à l'esprit large comme la mer de Kinéret,
Très expert, grâce à sa grande mémoire,
Dans les mystères des dix sefirot (1), dans les règles du droit,
Dans les secrets de la nature, dans ce qui se rapporte
A la métaphysique, dans l'astronomie et la géométrie.
Le 16e jour de hesvan de l'an 5452,
Son âme alla trôner dans l'Eden.

Zacuto, rabbin savant pour son époque, s'occupait aussi de commerce. En 1690, on trouve son nom parmi les chargeurs du port d'Alger (2). Il était probablement frère de ce Benjamin Zacuto, notable négociant, d'origine livournaise, qui sauva la vie, en 1683, au chevalier de Choiseul-Beaupré en lui avançant à propos une somme d'argent (3). La date hébraïque de sa mort correspond au 9 novembre 1691.

---

11. — A.

MESSAOUD GUENOUN

1694

Plaque de marbre longue de 1m87, large de 0m90. Hauteur de la partie écrite : 0m52. Un filet dessine autour de la plaque une figure en forme d'arceau mauresque. Inscription de douze lignes, formant douze distiques monorimes. Au-dessus, un joli pot de fleurs à moitié effacé et mesurant 0m69 de hauteur ; au-dessous, des fleurs. Caractères et ornementation en creux peu profond.

(1) Les dix nombres, sefirot, sont les dix degrés par lesquels tous les êtres matériels et spirituels, sortent, suivant la conception de la Kabbale, de l'unité incompréhensible, Dieu.

(2) HADDEY, *Livre d'or*, p. 17,

(3) *Revue des Etudes Juives*, X, p. 255.

INSCRIPTION

אוי ערבה שמחה וכל גיל נאסף   השתרגה תוגה בקיר מעים
אוי כל יצור אמלל כגבר אין איל   צירים וחלחלה בכל מתנים
כל הנשמה עגמה חיש נרדמה   למקוצעות משכן בירכתים
כל לב מאד דוי וכל ראש לחלי   ורתת ופלצות ופיק ברכים
כל יד גדודה גם בכל ראש היתה   קרחה ופארור קבצו אפים
כי נאסף גלה כבוד הדור ובא   שמשם כמו קדרות בבין ערבים
הרב כהר מסעוד לבית גנון אשר   היה לעדה זו מאור עינים
שחה בים התלמוד כרבינא   ורב אשי במי שחו ומי אפסים
ירד לפרדס התעודה העלה   מכל רזיה מלוא חפנים
יעץ כמו יעבץ והרביץ טעמי   תורה בתלמידים כמו מאתים
שנא לשש עסק בשש איכה בשש   נטמן בהעדר יונקי שדים
בשנת מחתה כה באדר עלתה   נפשו לתחת כס אדון שמים

TRADUCTION

Hélas ! la joie s'est obscurcie, toute allégresse a disparu,
Le chagrin s'est logé dans le fond des entrailles. .
Hélas ! tout être est abattu comme un homme sans force :
Douleur et tremblement dans tous les reins.
Toute âme est affligée, promptement elle s'est assoupie
Dans les angles de la demeure, des deux côtés du fond.
Tout cœur est extrêmement froissé et toute tête malade :
Frisson, tremblement et chancellement des genoux.
Toute main est couverte d'incisions, toute tête
Rasée, et les visages ont perdu leur éclat,
Car disparue, bannie est la gloire de ce temps,
Et son soleil s'est couché, laissant l'obscurité vers le soir,
Le rab, l'honorable Messaoud, de la maison des Guenoun,
Qui fut pour cette communauté une lumière des yeux.
Il nagea dans la mer du Talmud comme Rabina (1)
Et Rab Achi, dans les hautes eaux et les eaux basses.
Il pénétra dans le jardin de la science (2)
Et en rapporta ses mains pleines de secrets.
Il conseilla comme Jabetz (3), et enseigna
Les motifs de la Loi à environ deux cents disciples.

(1) Célèbre rabbin, qui mit la dernière main au Talmud avec son collègue Rab Achi, nommé ci-après.

(2) Le mot פרדס, qui signifie jardin, est l'acrostiche des quatre mots suivants : פשט sens naturel, רמז sens allégorique, דרש sens homilétique, סוד sens kabbalistique. Il désigne spécialement les sciences occultes.

(3) Nom biblique que le Talmud attribue au juge d'Israël Othniel, qui présida le sanhédrin de son temps et créa ou rétablit différentes institutions religieuses. (*Joma*, page 80 a.)

Il abhorra les six (3), étudia les six (4);
Comment est-il couché sous le marbre (5), sans laisser après lui de [rejeton?
En l'an 453, le 25 d'adar, son âme
Remonta vers le trône du Maître des cieux.

Messaoud Guenoun, grand rabbin d'Alger, composa plusieurs ouvrages. Le seul qui ait été publié est un recueil de sermons דרושים, intitulé זרע רב *(Postérité du Rab)* et imprimé en 1782 à la suite de יכין ובועז par les soins du rabbin algérien Abraham Tubiana. Quelques-unes de ces homélies sont datées. La date la plus ancienne est 5431 (=1671), la plus récente 5437 (= 1677). Dans cet opuscule, qui fait regretter la perte de ses autres écrits, Guenoun montre un esprit méthodique et original. Sa pensée est philosophique et d'une rare limpidité. Les sujets qu'il traite de préférence sont la pénitence et l'étude de la Loi. Dans une des préfaces de son livre, celle des rabbins d'Alger, il est dit qu'il s'occupait de Kabbale. Son épitaphe mentionne cette particularité. Il mourut le 19 mars 1694, ce qui est également indiqué dans son épitaphe et confirmé dans une autre préface écrite par les rabbins de Tunis. Il fut en possession d'un grand renom de sainteté, auquel ces mêmes rabbins rendirent hommage en l'appelant חסידא קדישא.

Il figure sur le nécrologe de la Grande Synagogue.

Son nom de famille Guenoun, qui est aussi un prénom, est un mot du dialecte populaire arabe et signifie lapin. *(Dictionnaire arabe-français* de M. Beaussier.)

(3) Les six choses énumérées dans *Proverbes*, VI, 16-20. (Voir plus haut.)

(4) Les six parties de la Mischna.

(5) Jeu de mots déjà signalé plus haut.

12. — A.

MOISE GABISSON

1698

Plaque de marbre longue de $1^{m}62$, large de $0^{m}85$. Hauteur de la partie écrite $0^{m}26$. Inscription de six lignes, formant six distiques monorimes. Au-dessous, un pot de fleurs haut de $0^{m}72$. Inscription et ornementation en creux.

INSCRIPTION

אכתוב עלי אבן בעט עופרת   יום אף חמת האל בעמו בערה
גדול וקטן אוספו גם חלפו   עת זלעפות דבר עליהם עברה
אוי על חכם לבב ואיש בינים   נפשו בתורה חשקה אף גברה
משה לגאבישון בר שת נלכדה   רגלו ושמשו חשכה חיש קדרה
נשים מבכות התמוז ארמזה   חדש והשנה לנצח אזכרה
נוחם לאבלנו ימהיר יחשה   יעביר לטומאה יזרוק טהרה

TRADUCTION

Je veux inscrire sur la pierre avec un stylet de plomb
Le jour où la colère de Dieu s'enflamma contre son peuple.
Grands et petits furent enlevés et s'en allèrent,
Au temps où les traits de la peste s'abattirent sur eux.
Malheur sur le sage, l'intercesseur
Qui aima la Loi et s'y distingua,
Moïse El Gabisson, fils de Seth ! Son pied fut pris au piège,
Son soleil s'obscurcit et s'éteignit promptement.
Les femmes pleurant Tammuz : (1) voilà l'indice
Du mois et de l'année dont à jamais je me souviendrai.
Que Dieu envoie bientôt la consolation à nos affligés !
Qu'il fasse passer l'impureté et asperge sur nous la pureté !

Moïse Gabisson était un riche négociant en même temps qu'un amateur érudit de la science juive. Il faisait le commerce maritime. Le 19 janvier 1692, le 5 décembre 1695 et

(1) Jeu de mots intraduisible tiré d'Ezéchiel VIII, 14. Tammuz est le nom phénicien d'Adonis, dont le mythe est connu. Ce mot désigne aussi le quatrième mois de l'année religieuse juive, et la valeur numérique des lettres dont il est formé donne un total de 458, total qui est le millésime, suivant le petit comput.

le 16 mars 1696, il reçut avec d'autres israélites des marchandises de Livourne (1). Il mourut de la peste en juillet 1698.

Il appartint probablement à la célèbre famille des Gabisson, originaire de Grenade, qui s'établit au xve siècle à Tlemcen et dont un membre, le médecin Abraham Gabisson, émigra à Alger en 1574 (2). Celui-ci fut l'auteur du commentaire sur les *Proverbes*, intitulé עמר השכחה *(La Gerbe oubliée)*, et imprimé à Livourne en 1748. Son dernier descendant, également nommé Abraham, ayant perdu ses deux fils lors de la peste de 1740, fit vœu de publier ce manuscrit, qui s'était conservé dans sa famille de génération en génération (3).

Il semble certain que le nom de Gabisson, avec son article arabe el, dérive de cette langue et aurait pour racine גבש, dont il serait le participe présent de la première forme.

---

13. — A.

CHALUM NARBONI

1700

Plaque de marbre longue de 1^{m}77 et large de 0^{m}82. Hauteur de la partie écrite 0^{m}75. Inscription de onze lignes, dont dix forment cinq distiques monorimes. Au-dessus, une fleur. Tout autour de la plaque, une guirlande large de 0^{m}12. Caractères et ornements en creux.

INSCRIPTION

עדח בכי בכיה במר ספדי   על איש אמונים מבני משרה
תורה שאי קינה וחגרי שק   על איש אשר בך כל זמן קרא
חכם ונבון איש ירא האל   רדף שמו תמיד בתוך חברה
נקרא כהר שלם בהר אברם   נודע לנרבונים בתפארה
נפטר ב״יח ימים לחשון יום   ראשון שנת התסא לכל נברא
גופו בקבר דר

(1) Haddey, *Livre d'or*, p. 19 sqq.

(2) Abraham Cahen, *Les Juifs de l'Afrique septentrionale*, dans le Recueil des notices et mémoires de la Société archéologique de Constantine, vol. XI, p. 201.

(3) Préface de עמר השכחה.

TRADUCTION

Communauté, répands des pleurs, lamente-toi amèrement
Sur un homme loyal, qui fut l'un de tes chefs!
Thora, entonne une complainte et revêts un cilice
Sur l'homme qui sans relâche t'étudiait!
Il fut rabbin intelligent, craignant Dieu,
Et toujours louant ton nom dans l'assemblée.
Il s'appelait l'honorable Chalum, fils d'Abraham,
Appartenant avec gloire aux Narboni.
Il mourut le dix-huitième jour de hesvan, un dimanche
De l'an 5461 de la création.
Son corps au tombeau repose.

Le rabbin Chalum Narboni, un des mokdams ou administrateurs de la communauté d'Alger, fut parmi les signataires de l'acte d'échange, en vertu duquel celle-ci acquit, en septembre 1691, le cimetière du Midrasch (1). La date hébraïque de sa mort correspond au 31 octobre 1700.

---

14. — A.

ZOHRA NARBONI

1708

Plaque de marbre longue de 1m80, large de 0m70. Hauteur de la partie écrite 0m93. L'inscription comprend douze lignes, plus le sigle funéraire, et forme six distiques monorimes. Les deux vers de chaque distique sont séparés par un interligne, et les distiques eux-mêmes par un interligne plus large. Au-dessus de l'inscription, une fleur haute de 0m54 ; au-dessous, une tulipe accotée de deux roses, le tout haut de 0m31. Caractères et ornements sculptés en creux.

INSCRIPTION

קראו חכמות העירו המקוננות   לנוד במספד מר וקול קינים
על העדינה זאת אשר היתה   נאה במעשים מתוקנים
כמה צנועה היא בתוך ביתה   תחון עלי דלים ואביונים
זהרא שמה נות בית לה"ר משה   נודעו לבית נ׳׳׳ני מצוינים
ב׳ לשבט שנת תסח הלכה   לגן עדנה תתעדן בעידונים
חוי אריכי אל בניה שבקה   יפרו וירבו הם ברוב בנים

(1) Voir plus haut.

TRADUCTION

Appelez des femmes expertes, engagez des pleureuses,
Afin de faire un deuil amer avec voix de complainte,
Sur cette heureuse du monde qui
Fut parée de belles actions.
Combien ne fut-elle pas vertueuse dans son intérieur,
Compatissante envers les humbles et les pauvres !
Elle s'appela Zohra, épouse de Moïse,
Appartenant à la famille distinguée des Narboni.
Le 2 chebat de l'an 468, elle alla
Dans le jardin d'Eden goûter la béatitude.
Puisse-t-elle laisser longue vie à ses enfants,
Qui verront croître et se multiplier leur postérité !

La date hébraïque de l'épitaphe correspond au 16 janvier 1708. Moïse Narboni, mari de Zohra, figure dans le *Livre d'Or*, page 15, comme propriétaire, en 1723, d'un esclave espagnol nommé Joseph Martin.

---

15. — A.

ABRAHAM SIARI

1714

Plaque de marbre longue de 2 mètres et large de 0m83. Hauteur de la partie écrite 0m96. La pierre est encadrée par un filet qui dessine un arceau mauresque. L'inscription comprend vingt et une lignes, dont douze, composées par le défunt lui-même, forment un petit poème régulier sur le mode dit חרוזי, c'est-à-dire que deux lignes constituent une strophe de quatre vers, dont les trois premiers riment entre eux et le quatrième avec la fin des autres strophes. La treizième ligne, en prose, marque la fin du poème. Les huit dernières forment quatre strophes composées sur le même rythme et la même rime que les premières. Au-dessous de l'inscription, une fleur haute de 0m46. Les ornements sont sculptés en creux, ainsi que les caractères, qui étaient originairement remplis de plomb.

INSCRIPTION

אבן עלי קבר   קראי לכל עובר   אמרי נאם גבר   אברם וציאורי
אחי בני אמי   גם לוחמי לחמי   אל תתנו דמי   עלי ועל שברי
באו שאו קינה   על אח אשר פנה   ועשו כבת יענה   מספד על קברו
רנה ושיר קחו   פיכם באוי פתחו   גם כפכם שטחו   ושאו פני צורי
לאסוף ברוב חסדו   נפשי אני עבדו   תחת לכס הודו   לא עם בני מורי
אף אם פשועתי   גדלה וחטאתי   שברי ומיתתי   יהיו — לכפורי

ע"כ מה שחבר החכם זל על עצמו

נגנז פאר חכמות   דעות מאד רמות   גביש וגם ראמות   פנה הדר דורי
חכם בכל דבר   בשיר הלא גבר   מקל פאר נשבר   נפל גאון כתרי
נאסף בלא בנים   ניסן בכט מונים   דר גוש ותחתונים   חשך מאד אורי
בשנת תעד ליצור   עולם אלהי צור   אהלו בלב עצור   תשא פני מורי

TRADUCTION

O pierre de mon tombeau, — fais appel à tout passant — et dis : Voici les paroles — d'Abraham Siari : — O mes frères, fils de ma mère, — et vous qui mangiez mon pain, — ne gardez pas le silence — sur moi et sur mon malheur. — Venez, récitez des complaintes — sur le frère qui est parti, — et faites comme le chat-huant — des cris funèbres sur ma tombe. — Venez avec des prières et des cantiques, — ouvrez la bouche en gémissant, — étendez aussi vos mains — et invoquez la face de mon Rocher, — afin qu'il recueille par sa grâce infinie — l'âme de son serviteur — sous son trône glorieux, — et non avec les fils de la rébellion. — Quoique ma faute — soit grande et que j'aie péché, — que mon malheur et ma mort — soient mon expiation !

Ici finit ce que le rabbin de mémoire bénie a composé sur lui-même.

Disparue est la gloire des sciences, — des spéculations très élevées; — disparus le cristal et le corail ; — banni l'honneur de mon temps. — Savant en toute chose, — il triomphait dans la poésie. — Le bâton de ma gloire est brisé, — l'orgueil de ma couronne est tombé. — Il est décédé sans enfants — lorsque l'on compta 29 de nissan. — Il alla habiter au-dessous de la terre, — et ma lumière devint bien obscure, — en l'an 474 de la création — du monde. Mon Dieu, ô mon Rocher, — ah ! avec un cœur ferme — tu auras égard à mon maître.

Abraham Siari, savant universel suivant l'auteur de son épitaphe, se distingua surtout comme poète. Il laissa un volume manuscrit de poésies, qui existait encore, il y a quelques années, à Alger. Une synagogue de cette ville, aujourd'hui supprimée, fut fondée par lui et portait son nom. Les murs en étaient couverts de vers de sa composition. Il mourut sans postérité le 15 avril 1714.

16. — A.

JACOB TÉMIM

1718

Plaque de marbre longue de 1m76 et large de 0m67. L'inscription comprend le sigle funéraire, plus vingt-cinq lignes séparées par des interlignes. Elle couvre toute la surface de la pierre, sauf une guirlande en haut et en bas et des arabesques dans les coins. A presque toutes les lignes, il y a, soit au commencement, soit à la fin, des fleurs sculptées. Inscription et ornementation en relief.

L'épitaphe, qui renferme une peinture vive de l'état moral et matériel de la communauté d'Alger, est un poème régulier et élégant. Elle se compose de deux strophes, ayant chacune deux quatrains et un sixain. Les quatrains riment 1 et 4, 2 et 3 ; les sixains 1 et 4, 2 et 5, 3 et 6.

INSCRIPTION

צמא ודפק רע ורוב קדחת
אם אין אנוש מרגיש חפור לו קבר
הן כן עדתי היתה בוטחת
צרות מצאוה ומכל עבר
גלות ורוב סבלות והם לא זעו
דבר ומלחמות והם עוד יוספים
ספו נבוניהם והם לא שבו
אראה בחורף הנהרים הולמים
רוחות בתקפם יתצו ויעקרו
כן הזמנים בחכמים נוקמים
נקבר הלום חכם שנותיו קצרו
עשה כתולעת במשי עסקה
מתה ועם כל זה בלי נמנעת
ולאוהביו וליודעיו השאיר נהי

אם חוברו זה אות לכובד שבר
כי חיש יהי יורד לעמקי שחת
יתעשה לה כנשרים אבר
באו והיא לא היתה נוכחת
מסים כחול הים והם ירהבו
מתו יחידיהם והם לא נכנעו
צור חלצמו מפשעים טורפים
ארז וקנים עומדים לא ישברו
עופל ויניחו מלונת כורמים
ולבוערים טובם וחסדם יגברו
נקרא כה"ר יעקב בה"ר אברם תמים
תדע בהשלימה דבר חוקה תהי
נפשו לגן עדן בשמחה נסקה
יום י"ד בתשרי של שנת ה"דע"ת

TRADUCTION

Lorsque soif, pouls mauvais et forte fièvre
Sont réunis, c'est signe d'une grave maladie.
Si le patient n'en a pas le sentiment, creuse lui sa tombe,
Car il est bien près de descendre dans les profondeurs de la fosse.
C'est ainsi que ma communauté se flattait
Qu'il lui pousserait des ailes comme aux aigles.

Les épreuves l'ont atteinte et de toutes parts
Elles sont venues, sans qu'elle se soit amendée :
L'exil et des misères variées, et ils n'ont pas bronché ;
Des taxes nombreuses comme le sable de la mer, et ils persistent dans
La peste et la guerre, et ils recommencent de plus belle. [leur orgueil;
Leurs enfants uniques moururent, et ils ne s'humilièrent pas ;
Leurs sages disparurent, et ils ne se repentirent pas.
Dieu, sauve-les des péchés dévorants.
Je vois en hiver les fleuves broyer
Les cèdres, et les roseaux résister sans rompre.
Les vents dans leur violence renversent et déracinent
La tour, et épargnent la cabane du vigneron.
De même, le temps se venge sur les sages,
Et le bonheur et la prospérité des fous triomphent.
Ici repose un rabbin dont les années furent courtes :
Il s'appelait l'honorable Jacob, fils d'Abram Témim.
Il imita le vers qui file la soie et qui sait
Que, sa tâche accomplie, il doit
Mourir. Malgré cela, sans résistance,
Son âme monta avec joie au jardin d'Eden,
Et à ses amis et à ses connaissances, il laissa les gémissements,
Le dix-septième jour de tischri de l'an 479.

Cette date correspond au 12 octobre 1718. Le nom de famille Témim est un prénom arabe.

Les évènements malheureux, auxquels cette belle épitaphe fait allusion, sont relatés en partie dans la préface de תוכחות מוסר, commentaire sur les *Proverbes* composé en 1706 par le rabbin Sadia Azubib et imprimé à Livourne en 1870. La population d'Alger eut à souffrir d'abord de la peste, puis d'une cherté qui causa une disette affreuse et qui réduisit de nombreuses familles à l'indigence. Enfin, le Divan, circonvenu par de fausses accusations contre les Juifs, les frappa d'une contribution énorme, dont ils durent s'acquitter dans l'espace de quatre mois et qu'ils ne purent payer qu'après avoir vendu leurs bijoux et leurs propriétés. Ils étaient à peine remis de ces alarmes et leurs pertes n'étaient pas encore réparées, que le Dey, poussé par le fanatisme, donna ordre de démolir toutes leurs synagogues. Le vendredi 5 ab 5466 (= 16 juillet 1706) une foule avide de pillage se précipita avec des cris de joie dans la Grande Synagogue, particulièrement vénérée, et commença l'œuvre de destruction. La communauté était plongée dans les larmes et le désespoir. Heureusement, de hauts dignitaires de la Régence, séduits par de riches cadeaux, s'interposèrent et firent révoquer l'ordre barbare. Les lieux de prière furent respectés moyennant une nouvelle imposition de 80.000 gros (1). Les cadeaux et les autres frais absorbèrent une somme peut-être égale. A ce prix, les pauvres Israélites obtinrent la tranquillité matérielle, quoiqu'ils fussent toujours, suivant l'expression du rabbin Sadia, humiliés du passé, épouvantés du présent et inquiets de l'avenir.

La guerre, dont Jacob Témim fut le témoin, est sans doute l'insurrection d'Ouzan-Hassan, bey d'Oran. En 1710, celui-ci, pour venger l'assassinat de son beau-frère, le pacha Mohammed Baktache, réunit des forces considérables et vint établir son camp sur les bords de l'Harrach. Les troupes algériennes mirent l'ennemi en fuite, et la tête d'Ouzan-Hassan fut un des trophées de la victoire (2).

En 1717, la famine éclata de nouveau et elle désola la ville pendant trois années (3).

La même année fut signalée par une série de tremblements de terre, qui durèrent neuf mois, et qui forcèrent les habitants effrayés à séjourner en rase campagne. Il n'y eut cependant que très peu de dégats, quelques vieilles maisons effondrées et deux ou trois personnes tuées (4).

---

17. — B.

TZÉMACH DURAN

1727

Bloc de marbre blanc en forme de demi-cylindre. Longueur $1^{m}68$, diamètre $0^{m}62$. Inscription en creux de trente lignes, disposées par moitié de chaque côté d'une guirlande en relief, qui divise la surface de la pierre en deux parties égales.

(1) Il s'agit ici, probablement du petit gros, qui valait 1 fr. 20. Le grand gros valait environ trois fois plus.

(2) A. Rousseau, *Chronique de la Régence d'Alger*, page 210.

(3) Ibidem.

(4) Nachrichten über den algierschen Staat, II, 816, note.

L'épitaphe est une composition ingénieuse, offrant d'un côté les questions du fils survivant et de l'autre les réponses du père décédé. Chaque réponse rime avec la question à laquelle elle se rapporte.

INSCRIPTION

שאלות הבן מלהבות אש היגון חוצבו	תשובות האב לבנו בדרך עוצב בו
אבי ענה נא את שאלותי	דבר ואשיבך תשובותי
איך חטפו אותך שמי ערץ	צבא הלא אל איש עלי ארץ
איך נפשך שודד בחיש כחה	כי בנשיקת אל הלא פרחה
חכמה לך מנוס בלי עשתה	לא יעמוד שלטון ביום מיתה
מר לי לגופך בקברים נח	כן כל יצורי אל ואל תאנח
עמך לך בוכים בלב נשבר	הנה במותי חטאם עבר
למה בשם צמח שמך נקרא	כי אחליף גדע וגם פארה
למה לבית דוראן לך קורים	כי דור אני מנהיג ולי סרים
למה שנת התפ״ז מנת חבלך	קח נא עטר'ת פ״ז לסימן לך
למה בכסלו נפשך תדהם	כימה כסיל בו אספו נגהם
קומה ראה עניי והלצני	לא אוכלה עד ירצה קוני
איך תעזוב אותי ואת אחי	קוו וחכו אל אלי״ם חי
אקרע סגור לבי עלי מותך	אל חי בנוחם יעזור אותך

TRADUCTION

Questions du fils arrachées par l'ardeur de la douleur.	*Réponses du père à son fils selon la grandeur de son affliction.*
Mon père, daigne répondre à mes questions.	Parle, je te donnerai mes réponses.
Pourquoi t'ont ravi les cieux redoutables?	L'homme n'a-t-il pas un temps limité sur terre?
Pourquoi la force a-t-elle soudain abandonné ton âme ?	C'est qu'elle s'est envolée dans un baiser de Dieu.
La science ne t'a point offert de refuge.	Nul pouvoir ne prévaut au jour de la mort.
Je plains ton corps qui repose dans la tombe.	C'est le sort de toutes les créatures de Dieu : ne gémis point.
Ton peuple te pleure avec un cœur brisé.	Par ma mort ses péchés sont effacés.
Pourquoi ton nom est-il Tzémach?	Parce que je repousse des racines et des branches. (1)
Pourquoi dit-on que tu es de la maison Duran?	Parce que je dirige ma génération et qu'elle m'obéit. (2)
Pourquoi l'an 5487 fut-il le partage de ton lot?	Prends une couronne d'or pour ton signe (3).

(1) Cette réponse s'explique par la signification du mot צמח qui veut dire plante.

(2) Jeu de mots intraduisible basé sur la quasi-homonymie des mots דוראן et דור אני.

(3) Autre jeu de mots roulant sur l'homonymie de la date פ״ז et du mot פז.

Pourquoi en Kislev ton âme fut-elle frappée ?
Lève-toi, vois ma douleur et sauve-moi.
Comment nous abandonnes-tu moi et mes frères ?
Je déchire l'enveloppe de mon cœur à cause de
[ton trépas.

En lui les Pléiades et l'Orion perdirent leur éclat (1).
Je ne le puis, à moins que mon Créateur ne le veuille.
Espérez et confiez-vous dans le Dieu Vivant.
Le Dieu Vivant te consolera et t'aidera.

Tzémach Duran fut membre du tribunal rabbinique d'Alger. Il jouit d'une grande autorité en matière religieuse. Deux fois son opinion est rapportée dans le *Recueil des Coutumes d'Alger* מנהגים, publié par R. Juda Ayache, à la suite de la première partie de son *Bet Jehouda* (2). Ainsi, étant un jour à Médéa pour ses affaires, il apprit qu'une de ses filles venait de mourir à Alger, et, au lieu de prendre le deuil sur place, il retourna immédiatement pour le prendre avec le reste de la famille. Il s'occupait de commerce, car en 1717 son nom est mentionné sur les manifestes du port d'Alger (3).

Tzémach était fils de Benjamin décédé en 1695 et père de Joseph-Benjamin, dont nous aurons à parler plus loin.

Il mourut en novembre 1727. Son nom figure deux fois sur le Nécrologe de la Grande Synagogue, le samedi avant la néoménie et à minha de samedi.

---

18. — A.

RUBEN BIBI

1733

Plaque de marbre longue de 1^m79 et large de 0^m82. Hauteur de la partie écrite 1^m20. Au-dessus, une corbeille de fleurs. L'épitaphe se compose de quatorze lignes, formant sept distiques monorimes. Les deux vers de chaque distique sont séparés par un interligne de 1 centimètre, et les distiques eux-mêmes par un interligne de 7 centimètres. Les caractères sont d'une belle exécution. Ils sont sculptés en creux, ainsi que les interlignes.

(1) Quasi-homonymie de כסלו et כסיל.
(2) הפץ י״ט et אבלות א.
(3) Livre d'Or, p. 34.

INSCRIPTION

רוכבי אחונות הולכי דרך פנו　　אלי והשמו ובכידה עוררו
השיר יהי לכם לזרא גאלח　　אך עת ספוד ספדו בקינים חברו
לפני קבורה זו כמו נד נצבה　　על איש חכם לבב כתירות נכתרו
זקן נשוא פנים ויושב שערה　　חרד לדברי צור ומעשיו ישרו
כי שוכלה נפשו לעת זקנה שכול　　בבנו ורב ביתו במוסר שחרו
הוא ה"ר ראובן ז"ל בנו ה"ר יעקב　　נודעו לבית ביבי בתוך עם אושרו
אדר שנת הת"עג לך סימן ואות　　לו בעטורת הוד והדר עטרו

TRADUCTION

Voyageurs montés sur des mules ou marchant à pied,
Détournez-vous vers moi, soyez saisis et versez des larmes.
Que les chants vous soient en horreur et en dégoût ;
C'est un temps de se lamenter; lamentez-vous avec des complaintes que
Devant cette tombe qui se dresse comme un mur,　　[vous composerez,
Sur cet homme savant, honoré de couronnes,
Vieux, estimé et assis à la porte, (1)
Attentif aux commandements du Créateur et droit dans ses actions.
A l'heure de la vieillesse il perdit
Son fils et toute sa maison fut visitée par le malheur.
C'était Ruben, de mémoire bénie, fils de Jacob,
De la famille des Bibi, célébrés au milieu du peuple.
Adar de l'an 5493, voilà ton indice et ton signe.
Alors il fut ceint d'une couronne de magnificence et de gloire.

Ruben Bibi était rabbin, il mourut en mars 1733. Son nom de famille est un prénom arabe.

---

19. — A.

SALOMON SEROR

1737

Plaque de marbre blanc longue de $1^{m}98$ et large de $0^{m}85$. La surface en représente, sculptés en creux, deux arceaux géminés, dont les contours ont 7 centimètres de largeur, à l'exception de la colonne centrale qui en a 10. A l'intérieur de chacun des cintres, une fleur en relief. Dans leur angle

(1) Expression biblique qui veut dire juge, rabbin.

d'intersection, la qualification rabbinique כתר תורה (Couronne de la Loi). L'inscription se compose de vingt-huit lignes en relief, plus une ligne en creux qui court le long du fût central et se termine dans sa base. Cette épitaphe est un poème de quatorze strophes monorimes. Chaque strophe comprend deux lignes et se divise en quatre vers. La ligne médiane forme deux distiques rimant ensemble.

INSCRIPTION

השמים   לבשו קדרות   הכוכבים   במסילותם
הן אראלם   צעקו חוצה   מר יבכיון   במרירותם
יושבי תבל   חגרו חבל   ערכו אבל   על אדמתם
בעלי עצה   איכה יצא   נסתם מוצא   מעינותם
חכמי תלמוד   איה העמוד   ישקול ימוד   בסברתם
בעלי השיר   יוצאין בציר   מי יסוב ציר   אל דלתותם
וחקרי אחרי   חכמת טבע   למרום על־   תדה שועתם
איה רופא   לשבורי לב   ומחבש אל   כל עצבותם
רועה נאמן   מופת הדור   שופט צדק   רב ריבותם
מציל עשוק   מיד עושקו   יוצא לקראת   מלחמותם
עוקר הרים   גם זה סיני   בקי בהם   ובשמותם
השם נתן   חכמה אל מור־   רינו הרב   כולל איש תם
הן מטתו   שלשלמה   נגנז בצר"ור   חיים נחתם
סוף כסלו נ"ח   נפש מדו   שכן שחק   במחיצתם

אוי לו לדור איבד מנהיג   אין זולתו שהכר בו
אין שם על לב איש כרצונו   יעשה מה שחפץ לבו

TRADUCTION

Les cieux — se sont obscurcis, — les étoiles — dans leurs orbites. — Voici leurs anges — crient au-dehors ; — ils pleurent amèrement — dans leur douleur. — Les habitants du globe — se sont ceints de corde ; — ils ont pris le deuil — dans leur pays. — Les hommes de conseil, — comment est sortie, — tarie la source — de leurs eaux ? — Les savants en Talmud, — où est la colonne, — qui pèse et mesure — leurs opinions ? — Les maîtres en poésie — errent dans la douleur. — Qui tournera comme un gond — sur leur porte ? — Et ceux qui scrutent au-delà — de la science de la nature, — vers le ciel est — montée leur supplication. — Où est celui qui guérissait — ceux qui avaient le cœur brisé, — et qui bandait — toutes leurs blessures ; — le pasteur fidèle, — le prodige du siècle, — le juge intègre, — qui prenait leur cause en mains, — qui sauvait l'opprimé — de la main de son oppresseur, — qui sortait pour se charger — de leurs batailles, — qui déracinait les montagnes, — qui était aussi un Sinaï (1), — qui les connaissait toutes, — ainsi que leurs noms? — Dieu donna — la sagesse à notre — maître, le rabbin — universel, l'homme paisible. — Voici la couche — de Salomon. — Il fut ravi et dans le faisceau (2) — de vie scellé. — Fin kislev se reposa (3) — l'âme de son enveloppe. — Elle alla habiter le ciel — au milieu des anges.

Malheur à la génération qui a perdu son guide, — lequel fut sans pareil et en qui tout fut réuni. — Personne ne le prend à cœur, chacun selon sa volonté — fait ce que son cœur désire.

Raphaël Jedidia Salomon, fils d'Ichoua, fils de Salomon, fils de Tobia Seror, né le 22 elul 5441 (= 8 septembre 1681), fut rab ou grand rabbin d'Alger. Ses deux premiers noms lui furent probablement donnés, selon la coutume juive, lors de graves maladies dont il fut atteint (4).

Il mérita cette haute dignité par sa science et par son caractère. Voici ce que dit de lui un de ses élèves, le rabbin Makloùf Amar :

« Si je venais à énumérer une partie seulement de ses qualités, la douleur briserait tous les cœurs. Je pourrais parler de sa justesse d'esprit, qui ne manquait jamais le but, ou de son érudition, ou des nombreuses décisions qu'il rendit, ou de ses commentaires et de ses homélies. Il est malheureux pour nous qu'il n'ait laissé après lui personne qui lui ressemble. Avec tout cela, il était plein de piété, de modestie et de crainte du péché. Il était expert dans l'histoire de cette communauté depuis le jour de sa fondation, connaissant, par génération et par siècle, la série des prédicateurs, des rabbins, des ministres officiants, des scribes et des juges.

(1) Expression du Talmud qui appelle un docteur érudit Sinaï et un docteur dialecticien déracineur de montagnes. Les deux vers suivants, par un passage forcé du sens métaphorique au sens propre, font allusion à la science géographique de R. Salomon.

(2) Le mot צרור, faisceau, rappelle le nom de famille du défunt, et indique en même temps le millésime. La valeur numérique des lettres qui le composent forme un total de 498.

(3) La valeur numérique du mot נח, reposa, est 58 qui indique l'âge de R. Salomon.

(4) Cette coutume s'appelle שנוי השם, changement de nom. Lorsqu'une personne est dangereusement malade, le rabbin, assisté de neuf autres coreligionnaires au moins, récite des psaumes à son intention et lui impose un nom nouveau. Une nouvelle personne est censée naître, qui n'est pas responsable des péchés supposés du malade et à qui Dieu peut faire grâce. A Alger, on choisit de préférence, pour les hommes, les noms de Raphaël, Haï ou Haïm; pour les femmes, ceux de Sara ou d'Esther.

« Tel était notre maître le rab, dispensant la justice selon la vérité et toujours occupé à étudier. Ceux mêmes qu'il condamnaient se retiraient satisfaits, comme les membres de notre communauté en ont témoigné (1). »

Les rabbins d'Alger, dans la préface qu'ils écrivirent pour son ouvrage intitulé *Peri Tzadick* פרי צדיק (*Le Fruit du Juste*), rendent également hommage à sa science et surtout à la vigueur de sa dialectique.

Sa mémoire était prodigieuse. Aussi, avait-il appris et retenu par cœur les nombreuses coutumes particulières qui régissaient et qui régissent encore aujourd'hui la communauté d'Alger en matière religieuse. Le rabbin Juda Ayache, qui les mit par écrit en 1740, était son élève, et c'est de sa bouche que celui-ci les reçut, comme il le dit lui-même dans l'avant-propos qu'il mit en tête de son recueil et dans lequel il désigne son illustre maître sous le seul nom de Raphaël.

Malgré la science et l'intégrité de leurs rabbins, qui n'avaient pas dégénéré depuis Isaac bar Chéchet, les Israélites d'Alger étaient retombés dans le défaut que celui-ci leur reproche dans une de ses Réponses (2) et qui avait du moins son excuse dans leur ignorance du Talmud : ils aimaient mieux soumettre leurs litiges aux tribunaux musulmans qu'aux leurs. Salomon Seror eut lieu de leur faire le même reproche. « De nos jours plus que jamais, dit-il, l'honneur de la Loi est profané, sa couronne renversée à terre. Dans presque toutes les communautés, les affaires de justice sont à la discrétion d'hommes violents, qui empêchent trop souvent les tribunaux de prononcer selon le droit et la vérité, en acquittant l'innocent et en condamnant le coupable. Ils font régler les procès d'argent par des commerçants musulmans et conformément à leurs coutumes, sans se soucier autrement des dispositions de notre Loi. Il y a encore un mal plus regrettable : c'est qu'en bien des endroits, si quelqu'un a été condamné par les rabbins, il force son adversaire à comparoir en appel devant les tribunaux non juifs. La cause de cet état de choses, qui arrive pour nos grands péchés, c'est que

(1) Mimoun Yafil, *Pi Tzadik*, פי צדיק, p. 79 b.
(2) Rép. n° 107.

les tribunaux israélites, de nos jours, n'exercent pas leurs fonctions avec assez d'autorité et ne sont pas assez soucieux de se faire respecter du peuple (1). »

Les études théologiques et juridiques n'empêchèrent pas R. Salomon Seror de cultiver avec succès d'autres sciences. Il connaissait la logique, la physique et la géographie, il s'occupait de poésie. En traitant par les simples, il acquit la réputation d'un habile médecin.

Cet homme vertueux eut une existence malheureuse. Valétudinaire lui-même, il eut la douleur de perdre plusieurs de ses enfants en bas-âge. Il fait allusion à l'état précaire de sa santé dans les consultations nº 2 et nº 5 de son livre *Peri Tzadik*. Une de ses filles mourut en donnant le jour à un fils. Une autre, âgée de six ans et appelée Esther, tomba dans un puits à la campagne et s'y noya en elul 1728 (2). Un fils nommé Ichoua paraît cependant lui avoir survécu (3).

R. Salomon souffrit dans sa fortune non moins que dans sa personne et dans sa famille. Riche de naissance, il se ruina dans des opérations commerciales qu'il entreprit par terre et par mer, car il était négociant en même temps que savant. Dès 1717, son nom figure sur les manifestes du port d'Alger (4).

Il mourut pauvre et résigné, un vendredi, troisième jour de hanuca, 27 kislev 5498 (= 21 décembre 1737). Il avait cinquante-sept ans et trois mois.

Deux des discours qui furent prononcés en son honneur nous ont été conservés. Son élève, R. Maklouf Amar, qui dit qu'il passait deux nuits entières par semaine à étudier avec lui, fit son éloge funèbre à la fin des sept jours de deuil (5). Un autre de ses élèves, le plus célèbre de tous, R. Juda Ayache, porta la parole trois mois après son décès, le jour de שבת זכור (6). C'était et c'est encore une coutume particulière à la communauté d'Alger de célébrer par un discours

(1) *Peri Tzadik*, p. 97 b.
(2) *Bet Jehuda*, p. 115 b.
(3) *Peri Tzadik*, 21 b.
(4) *Livre d'or*, p. 34.
(5) *Pi Tzadik*, p. 79 b.
(6) *Vezot lihuda*.

les bouts de la semaine, du mois, des trois mois et de l'année, quand il s'agit de personnes notables, telles que rabbins et administrateurs.

Juda Ayache composa également, en l'honneur de son maître, R. Salomon, un petit poème où il fait de lui un éloge enthousiaste et qui est imprimé en tête du *Bet Jehuda*.

Salomon Seror laissa des travaux manuscrits comprenant, d'une part, des consultations casuistiques ; de l'autre, des observations sur le *Schulhan Aruch* (code rabbinique). Les rabbins d'Alger, Abraham Yafil, Juda Ayache, Joseph Seror et Joseph Mimoun, chargés de la révision de ces papiers, réunirent tout ce qui put être déchiffré en un seul ouvrage, auquel ils donnèrent le nom de *Peri Tsadik* (*Le Fruit du Juste*) et qu'ils accompagnèrent d'une préface intéressante, datée de iyar 507 (= mai 1747). Cet ouvrage fut imprimé à Livourne en 1748, aux frais d'un ami des lettres juives, Joseph d'Abraham Bouchara. Les consultations de R. Salomon Seror se distinguent par l'esprit de méthode, la justesse du raisonnement et la clarté du style, peut-être un peu prolixe. Ses correspondants furent : Mimoun Yafil, Joseph Azubib, Sadia Azubib et David Crescas, à Alger ; Isaac Chouraki, Joseph Chuchana et Moïse Israël, à Oran ; Moïse Zemor et Chalom Guedj, à Constantine ; Messaoud Alfassi, à Tunis (1).

Le nom de Salomon Seror figure sur le nécrologe que l'on récite à la Grande Synagogue d'Alger à l'office de minha de samedi.

---

20. — B.

ADIDA SAYMAN

1740

Plaque de marbre longue de $1^{m}48$ et large de $0^{m}665$. La partie écrite mesure 1 mètre de hauteur. Elle est surmontée d'un pot de fleurs. Elle comprend quatorze lignes, formant sept distiques monorimes et séparées par des interlignes de $0^{m}015$.

(1) Auteur du משחא דרבותא, ouvrage de casuistique imprimé à Livourne en 1805.

INSCRIPTION

למדו בנותיכם לקול קינה   לנוד לאשת חן מאד ברה
נעמה במראיה לעין רואה   נאה במעשיה מאושרה
עת בנתה ביתה בבית חתן   לראות בטובה נחלת שפרה
אז פגעו בה מלאכי מות   משחית ומגפה ברוב עברה
קצרו שנותיה ונקטפה   שכבה עלי עפר ונקברה
נקראת עדידא זוג שמואל יץ   גודע לבית סאימאן שמו נקרא
יום כ״ד לתמוז של שנת התק   נפשה בגן עדן מהודרה

TRADUCTION

Apprenez à vos filles à chanter des complaintes,
A se lamenter sur une femme gracieuse, pure,
Plaisante à voir pour tous les yeux,
Belle dans ses actions et reputée heureuse.
Au temps où elle s'établit dans la maison de son gendre
Pour goûter, dans le bonheur, un lot agréable,
Les messagers de la mort l'atteignirent.
Le destructeur, la peste, avec grande fureur,
Abrégea ses années, et elle fut abattue.
Elle est couchée dans la poussière et enterrée.
Elle s'appelait Adida, épouse de Samuel
De la famille Sayman : tel est son nom.
Le 27 tammuz de l'an 5500
Son âme entra dans la splendeur de l'Eden.

Adida Sayman mourut de la peste le 23 juillet 1740. Ce fléau fut terrible : il enleva quatre cents personnes par jour à Alger (1). Il fit beaucoup de victimes parmi la population israélite. Le rabbin Maklouf Amar, dans le livre *Pi Tzadik*, page 95 b., en trace un tableau saisissant. « Sur quoi me lamenterai-je d'abord? Sur la mort de nos coreligionnaires ravis par la peste et jetés sans sépulture jour et nuit, ou sur la dévastation qui a vidé ma propre maison? Combien d'hommes sachant la Bible, ou la Mischna, ou la Guemara, combien de prédicateurs, de chantres et de disciples ne furent-ils pas arrachés à mon affection?... Les ravages furent si considérables que les héritages sortirent des familles, par suite d'extinction, et passèrent entre les mains de parents si éloignés qu'ils étaient regardés comme des étrangers. »

(1) Berbrugger, Mémoire cité, p. 206.

Lui-même, R. Maklouf Amar perdit un jeune fils nommé Benjamin, dont l'intelligence et la science précoce donnaient les plus belles espérances, et qui expira le 26 tammuz, à l'âge de treize ans et quatre mois. Un autre personnage de marque, Abraham Gabisson, descendant des célèbres exilés de Grenade, vit mourir à la fleur de l'âge ses deux uniques fils (1). Sa douleur fut si profonde qu'il ne trouva d'autre consolation que de publier à leur mémoire un ouvrage composé par son aïeul. C'est à cette circonstance que l'on doit de posséder le commentaire sur les *Proverbes* intitulés : *Omer hachikha* (*La Gerbe oubliée*), qui contient quelques renseignements précieux sur les Israélites de l'Algérie.

Le nom de famille Sayman est un prénom arabe.

---

21. — E.

MARDOCHÉE LEBHAR

1750

Bloc de marbre très beau en forme de prisme triangulaire. Longueur en bas 1^m78, longueur en haut 1^m05, largeur 0^m68, hauteur 0^m80. Les quatre côtés de ce cube sont encadrés par une bande en relief large de 0^m11 et formant guirlande de fleurs. Le monument est couronné de feuillage, qui fait retour sur les grands côtés et dont la largeur extrême est de 0^m17.

Sur le côté 1 sont sculptées des armoiries. Un écu, soutenu par deux lions debout et se faisant face, renferme un lion grimpant et qui porte à sa bouche avec ses pattes un rayon de miel. Le tout est surmonté d'un casque de chevalier orné de chaque côté d'une longue plume d'autruche. L'exécution de cette sculpture est soignée, et la conservation parfaite.

Les petits côtés 3 et 4 forment des triangles isocèles entièrement nus.

(1) *Omer Hachikha*, préface.

Le grand côté 2 porte dans un cartouche une inscription en creux, haute de 0m27 et comprenant cinq distiques monorimes.

INSCRIPTION

כל יושבי תבל דעו לכם   המותה היא סוף לכל נברא
אשרי אשר יחיש עשות טוב   ילך למישרים ולא ירא
הן זה יקר רוח נשוא פנים   ה"ר מרדכי לבהאר שמו נקרא
היה מאד ישר במדותיו   יחסה בצל שדי והנורא
תמוז שנת התק"י יהידתו   עלתה לגן עדן מטוהרה

TRADUCTION

Habitants de la terre, sachez tous — que la mort est la fin de toute créature. — Heureux celui qui s'empresse de bien faire ! — Il marchera dans le chemin droit et ne craindra rien. — Voici un homme de nobles sentiments, et considéré, — appelé Mardochée Lebhar. — Il fut très correct dans sa conduite. — Il s'abritera à l'ombre du Tout-Puissant, du Redoutable. — En tammuz de l'an 5510, son âme — épurée monta au jardin d'Eden.

La date hébraïque correspond à juillet 1750.

Le nomde familledoit être le nom de métier el behhar, qui veut dire marin, et en Algérie jardinier. C'est avec ce dernier sens que nous avons rencontré ce mot dans la sentence prononcée en juillet 1726 en faveur de la communauté israélite et contre la corporation des jardiniers (1). Mais la prononciation usuelle de ce nom ferait croire qu'il vient de el behar, la mer. Alors il serait la traduction du nom Delmar ou Delamar, qui a été porté par plusieurs israélites et qui s'explique de lui-même. Il se rencontre notamment dans le *Livre d'or*, page 28 et passim, et dans *Bet Jehuda*, Rep. 101. Toutefois, une légende locale lui attribue une autre origine. Un rabbin quêteur de Jérusalem faisait route vers les pays d'outre-mer lorsque l'équipage du navire sur lequel il était embarqué s'empara d'une sirène, créature qui ressemblait en tout à une personne humaine, sauf qu'elle ne pouvait pas parler. Le rabbin l'acheta, lui appliqua une savante médication, lui donna l'usage de la parole, et finit par l'épouser. Puis il l'emmena dans ses pérégrinations. Il en eut trois enfants, deux

(1) Voir plus haut.

fils et une fille. Lorsque sa tournée de quête fut terminée, il reprit la mer pour retourner à Jérusalem avec sa femme et ses enfants. Mais arrivée à l'endroit précis où la sirène avait été capturée, elle saisit entre ses bras sa fille et un de ses fils et se précipita avec eux dans les flots. Il ne fut pas possible de la retrouver. Quant à l'autre fils, qui resta avec son père, il reçut, en souvenir de son origine, le surnom de Ben Elbehar, fils de la mer. Il fut la souche de la famille de ce nom.

---

22. — B.

CHALUM HADJADJ

1752

Plaque de marbre longue de 1m49, large de 0m615. Hauteur de la partie écrite 0m96. Au-dessus de celle-ci, un pot de fleurs, enfermé dans un arc enguirlandé. Inscription de douze lignes, formant six distiques monorimes, plus le sigle funéraire. Ecriture et ornementation en relief.

INSCRIPTION

נודו במר ספדו באוי ואבוי   על מות נעימים חדלו ונעדרו
ניגפו *(sic)* במגפה ונקטפו   אורם ושמשם חשכו ונקדרו
כי זה כה"ר שלם בנו אברם   נודע לבית חגאג בשם נתארו
בן רך ויחיד הוא אלי יולדיו   מעשיו מהוגנים מאד נכשרו
ניגף בתוך שנה לחופתו   חלף קצר ימים ונאבד זכרו
טבת שנת תק"יג יחידתו   עלתה להתענג בנועם צורו

TRADUCTION

Pleurez amèrement, lamentez-vous avec plainte
Sur le trépas des bons qui ont disparu et ne sont plus.
Frappés de la peste, ils ont été enlevés,
Leur lumière, leur soleil s'est obscurci, éteint.
Tel fut Chalum fils d'Abram
Appartenant par son nom à la famille Hadjadj.
Il fut fils jeune et unique de ses parents.
Ses actions furent belles et louables.

Frappé dans l'année de son mariage,
Il s'en alla jeune encore et son souvenir est perdu (1).
En tébet de l'an 513 son âme
Monta pour participer aux délices de son Créateur.

La date hébraïque correspond à décembre 1752.

Le mémoire cité de M. Berbrugger ne fait pas mention de la peste de cette année.

Le nom de Hadjadj est un prénom arabe.

---

23. — E.

SALOMON MECHIAH

1753

Plaque de marbre longue de $1^{m}56$, large de $0^{m}64$. Hauteur de la partie écrite $0^{m}93$. Au-dessus, un pot de fleurs enfermé dans un cercle, le tout en relief. Inscription de dix lignes en creux, formant cinq distiques monorimes, plus le sigle funéraire.

INSCRIPTION

נודו עלי איש זה אשר פנה   חלף והלך לו בעת צורה
נקצץ קצר ומים כציץ יצא   לקה במגפה ביום עברה
איש זך וישר הוא במדותיו   הלך בדרך טוב ובישרה
שלמה שמו בן ה"ר יעקב   משיח חניכתו מתוארה
סיון שנת תקיג בטוב תלין   נפשו ונתעדנה בזיו אורה

TRADUCTION

Pleurez sur cet homme qui tourna, — passa et s'en alla en un jour de détresse. — Jeune, il fut cueilli comme une fleur épanouie. — Il fut frappé de la peste en un jour de fureur. — Ce fut un homme pur et intègre dans sa conduite ; — il suivait un chemin bon et droit. — Son nom fut Salomon, fils de Jacob, — et son prénom Machiah. — En sivan de l'an 513 son âme alla — demeurer dans le bien et se délecter dans la lumière éclatante.

La date hébraïque correspond à juin 1753, Cette année n'est pas mentionnée dans le Mémoire cité de M. Berbrugger sur la peste à Alger.

(1) Parce qu'il mourut sans postérité.

Le nom de משיח se rencontre parmi les Israélites du Maroc. Il existait aussi sous la forme espagnole de Massies (1). M. Isidore Loeb veut lire ainsi le nom de משיש qui se rencontre dans Simon Duran, IV, numéros 16 et 119. Ce serait fort tentant; malheureusement, ce nom qui existe encore à Alger se prononce Mechiche. Il y a Mechiche et Mechieche, ils paraissent être arabes, et tous les deux figurent comme tels dans le *Vocabulaire destiné à fixer la transcription en français des noms des indigènes*, publication officielle parue à Alger en 1885.

---

24. — E.

SALOMON ZURBIB

1754

Plaque de marbre longue de 1m38, large de 0m68. Hauteur de la partie écrite 0m78. Au-dessus de celle-ci, des arabesques enfermés dans un arc mauresque, dont le contour a 6 centimètres de largeur. Inscription de douze lignes, formant six distiques monorimes, plus le sigle funéraire. L'écriture est en creux, l'ornementation en relief.

INSCRIPTION

כל עוברי דרך הלום בואו   שמעו תלאות הזמנים גברו
כי זה אשר קרה לעלוב זה   נקטף קצר ימים וימיו עברו
נשאר בבית אביו והוא יחיד   יבם לאשת אח ומעשיו ישרו
ניגף ומת אחר אשר קבר   אשתו וגם בניו מאד נפארו
נקרא שלמה נ״ע בה״ר נסים   זוגביב חניכתם בשם, נכרו
תמוז תקי״ד יחידתו   עלתה לגן עדן ושיר לה שוררו

TRADUCTION

Passants, venez tous ici,
Ecoutez les tribulations croissantes du temps.
Voici ce qui est arrivé à ce malheureux :
Il fut enlevé dans sa jeunesse, ses jours passèrent.
Il était resté unique fils dans la maison de son père.
Juste dans ses actions, il accomplit le lévirat avec sa belle-sœur.

(1) Voir *Revue des Etudes Juives*, IV. 74.

Il fut frappé de la peste et mourut après avoir enterré
Sa femme et ses enfants très beaux.
Il s'appelait Salomon, fils de Nissim,
Et son nom de famille était Zurbib.
En tammuz de l'an 514 son âme
Monta à l'Eden où elle fut accueillie avec des cantiques.

La date hébraïque correspond à juillet 1754.

---

25. — A.

JOSEPH SEROR

1755

Plaque de marbre longue de 1m52, large de 0m70. Hauteur de la partie écrite 1m04. Au-dessus de celle-ci, une guirlande de fleurs, dans laquelle on lit la qualification rabbinique כתר תורה et le sigle funéraire ת'נ'צ'ב'ה'. L'inscription comprend dix-huit lignes séparées par des interlignes et formant neuf distiques monorimes. Caractères et ornementation en relief.

INSCRIPTION

כל בעלי השיר צאו בציר   ובכו בקול נהי ותמרורים
על מות יקר ערך במהלליו   חכם ודיין הוא וראש סופרים
ראש הישיבה הוא לתלמידים   זכים סברותיו מאושרים
נעים בזמרתו לשם קונו   נאים תפלותיו מסודרים
נקי בדעותיו לכל יודעיו   אהוב ורצוי לעם ברים
הלך בלא בנים לתוך קבר   אבל וחפוי ראש ברוב צירים
הנו כה"ר יוסף בנו יעקב   מבית צרור המה מתוארים
נפטר ביום שבת בי"ג בשבט   בשנת התק"טו היא להיצורים
עלתה יחידתו לרום שחק   לחזות בנועם אל בקול שירים

TRADUCTION

Maîtres du chant, sortez tous avec douleur,
Et pleurez avec gémissements et plaintes amères
Sur la mort de celui qui méritait tous les éloges :
Rabbin, juge, chef des scribes,
Président de l'école talmudique.
Son argumentation fut nette et juste,

Agréables ses poésies en l'honneur du Créateur,
Belles les prières qu'il composa.
Franc avec tous ceux qui le connaissaient,
Aimé et bienvenu auprès du peuple pur,
Il s'en alla au tombeau sans postérité,
Affligé et accablé par des souffrances sans nombre.
C'était l'honorable Joseph fils de Jacob,
Appartenant à la maison des Seror.
Il mourut un samedi 13e chebat
De l'an 5515 de la création.
Son âme monta aux cieux élevés
Pour jouir des délices de Dieu au bruit des cantiques.

Joseph Seror, savant talmudiste, fut membre du tribunal rabbinique d'Alger. En cette qualité, il signa des consultations. On trouve sa signature dans דברי דוד (Dibré David), ouvrage casuistique de R. David Meldola, de Livourne, à la fin d'une réponse écrite en elul 483 (= septembre 1723); dans *Bet Jehuda*, Hoschen Mischpat, réponse numéro 13, écrite en tammuz 501 (= juillet 1741), et dans *Bet Jehuda*, deuxième partie, réponse numéro 18, écrite en kislev 5505 (= décembre 1744).

Joseph Seror mourut le 3 février 1755. Son nom, ainsi que celui de son père, qui fut également rabbin, figure sur le nécrologe de la Grande Synagogue.

---

26. — E.

ESTHER ABOUCAYA

1756

Bloc de marbre dont la forme est à peu près celle d'une coque de navire renversée, ou, pour me servir d'une expression consacrée, en dos d'âne. Longueur 1m65, largeur 0m60. Sur chacun des deux grands côtés, quatre lignes formant quatre distiques monorimes. Les petits côtés sont ornés d'arabesques et de fleurs. L'écriture est en creux, l'ornementation en relief.

INSCRIPTION

רואה כתב חרות עלי אבן   טובה מאד יחזיק אלי אומן
כי האבנים דוממים בהם   מופת ואות לא נעשה סימן
אך המפותחות ידברו   לקורא לכל עופר עלי אשמן
גש נא פנה אלי חיש תדע   מי הוא אשר תחתי הלום נטמן
כן זאת למצבת קבורה אל   אשה כשרה וברת נאמן
אסתר נות בית לה"ר יעקב   מבית אבוקאייה הלא נסמן
אדר שנת תק"ו יחידתה   עלתה בכוסף רב כאוכל מן
חיים לבן יחיד מאד תוריש   יצלח ולא ידאג בכל הזמן

TRADUCTION

Quiconque voit des mots gravés sur la pierre
En sait beaucoup de gré à l'ouvrier,
Car les pierres restées brutes n'ont
Ni trait, ni signe qui serve d'indice.
Tandis que les pierres sculptées parlent,
Disant à tout faon du désert (1) :
Approche, viens à moi, tu sauras aussitôt
Qui est couché ici sous moi.
Tel ce monument sépulcral
D'une femme vertueuse et sincère,
Esther, épouse de Jacob,
Appartenant à la famille Aboucaya.
En adar de l'an 516 son âme monta
Au ciel, où elle aspirait comme un mangeur de manne (2).
Puisse-t-elle laisser en partage la vie à son fils unique !
Puisse celui-ci sans nul chagrin réussir en tout temps !

Esther, épouse de Jacob Aboucaya, mourut en mars 1756. Il est question de son mari dans *Bet Jehuda*, Hochen Mischpat, numéro 24. En 495 (= 1735) il eut un procès au sujet d'une part de magasin qu'il avait achetée et dont on lui contestait la propriété.

(1) C'est-à-dire à tout homme, jeune ou vieux.
(2) Comme les israélites étaient avides de manger la manne.

27. — A.

BENJAMIN DURAN

1758

Plaque de marbre longue de 1m76 et large de 0m80. Hauteur de la partie écrite 1m23. Au-dessus de celle-ci, une guirlande de fleurs, dans laquelle est inscrite la qualification rabbinique כתר תורה. Tout autour de la pierre règne une guirlande de 4 centimètres de largeur. L'inscription a seize lignes divisées chacune en deux par une colonnette large de 5 centimètres et séparées par des interlignes de même largeur. Cette inscription constitue un petit poème du rhythme harouzi, huit strophes monorimes, composées de quatre vers chacune. Caractères et ornementation sculptés en relief.

INSCRIPTION

נודו סביביו לו   כל יודעים לשמו   ספו גם תמו   דרכי נתיבתו
בקי בכל חכמה   רמה ונעלמה   פְּניו פני חמה   מאיר בתורתו
מוכתר בנימוסו   גדול בייחוסו   נאהב קולמוסו   יופי מליצתו
כבה כואור שמש   היום וגם אֶמש   בלמעלות חמש   כאיש גבורתו
אוי על בני דורו   לקו בהעדירו   כי נעתם אורו   לא יש תמורתו
קראו לאיש ימין   מבחר וראש המין   ספדו לבנימין   בטלה ישיבתו
נכד לה"רש"בץ   הוא העשירי יום   שני לשבועות   היתה מנוחתו
נלקח שנת תקי"ח   נכנס בגן עדן   שם שם וינוחו   רוחו ונשמתו

TRADUCTION

Pleurez-le, vous qui étiez autour de lui, — vous tous qui connaissez son nom. — Enlevées, disparues, — sont les lignes de sa voie. — Il fut expert en toute science — élevée et secrète. — Sa face était comme la face du soleil; — il éclairait par son enseignement. — Il était couronné de vertus, — grand par sa filiation. — Aimée était sa plume, — ainsi que le charme de sa poésie. — La lumière du soleil s'est éteinte, — aujourd'hui et hier, — au cinquième degré (1) : — tel homme, telle force. — Malheur sur ses contemporains ! — Ils sont punis par sa perte, — car sa lumière est obscurcie, et il n'a pas de remplaçant. — Lamentez-vous sur l'homme de la droite, — l'élite et la tête de l'espèce mortelle. — Pleurez sur

(1) Le texte hébreu n'est pas clair, ni même très correct. L'auteur paraît comparer à un degré du cadran solaire chaque période décennale de la vie humaine, et dire que le défunt mourut dans sa cinquantième année.

Benjamin, — son école talmudique est supprimée. — Il fut descendant de Raschbatz — au dixième degré. — Le deuxième jour de Pentecôte — fut celui de son repos. — Il fut ravi en l'an 518 ; — il entra au jardin d'Eden. — Là Dieu plaça dans le repos — son esprit et son âme.

Le rabbin Benjamin, dont le nom complet est Joseph-Benjamin Duran, fut membre du tribunal rabbinique d'Alger, avec Juda Ayache, le célèbre auteur de *Bet Jehuda*. La note suivante, trouvée dans un pentateuque manuscrit et qui renferme la même date que notre épitaphe, ne laisse pas de doute sur cette identification : ירשתי זה הספר מאדוני אבי ה״ה ההה״ה א״א כמוהר״ר יוסף בנימין דוראן זלה״ה נפטר לגן עדנו יום שני של שבועות שנת התקי״ח ליצירה הצעיר צמח בן בנימין דוראן. La date hébraïque correspond au mardi 13 juin 1758. C'est donc à tort que M. Abraham Cahen place la mort de ce rabbin en l'année 1762 (1).

Benjamin Duran a signé plusieurs consultations dans les ouvrages de Juda Ayache. Il est l'auteur des numéros 37, 39 et 111 dans *Bet Jehuda*, deuxième partie.

Un de ses parents, Sadia, fils de Tzemach Duran, mort célibataire en 1741, lui laissa, par testament, la moitié d'un immeuble servant de synagogue et appelé Dar Safi (2).

En 1742, R. Benjamin, qui avait sans doute fait de mauvaises spéculations, fut poursuivi avec rigueur par des Turcs qui étaient ses créanciers pour une somme de 800 gros. Il devait également 1,900 gros aux héritiers d'un coreligionnaire nommé David Tabet. Il céda à ces derniers sa part de propriété dans Dar Safi, à charge par eux de désintéresser les créanciers turcs (3).

Plus tard, il parvint à rétablir ses affaires. En 1752, il était assez riche pour racheter la synagogue de Dar Safi de l'un des héritiers, Samuel Tabet, à qui cet immeuble était échu dans le partage de la succession (4).

(1) Voir *Recueil de la Société Archéologique de Constantine*, vol. 11, année 1867, p. 199.

(2) *Bet Jehuda*, première partie, Hochen Mischpat, numéro 13.

(3) Acte judiciaire en hébreu qui m'a été gracieusement communiqué par un jeune bibliophile algérien, M. Félix Jaïs.

(4) Ibidem.

28. — C.

JACOB BOUCHARA

1768

Bloc de marbre en dos d'âne, surmonté de fleurs et de feuillage. Longueur 1m25, largeur 0m30, hauteur 0m42. Sur chacun des deux grands côtés six lignes formant six distiques monorimes. Ecriture en creux.

INSCRIPTION

פתי אשר יאמין זמן בוגד יבטח וישען במשענתו
לו יהיה כחול ויצבור הון עתק כאיתיאל במלכתו
ימיו כעוף נודד על טרף בלילה תחסר תנומתו
פתע תבואהו תמותה אז יעזוב לחילו חיש לזולתו
אין בעמלו טוב אשר עמל כי אם מעשיו וצדקתו
על כן בני אל חי פנו לכם ממוקש הזמן ותועלתו
הן זה גביר נודע בכל שער נגיד וקצין על קהלתו
ימים וגם שנים והוא מושל עומד בכל פרץ במתבונתו
מגן וצנה בחצר מלכות גם גדלה ורבה סחורתו
נודע שמו יעקב בנו אברם הנו לבושערה חניכתו
יום אך לחדש אב שנת תקכ״ח עלתה לרום שחק יחידתו
שם תעלוז תגיל ואל שדי מוחל וסולח לאשמתו

TRADUCTION

Insensé celui qui se fie au temps perfide,
Qui se rassure en acceptant son appui !
Quand même ses jours seraient nombreux comme le sable,
Et qu'il entasserait une fortune
Puissante comme Itiel en son royaume (1) ;
Ses jours seraient comme l'oiseau qui poursuit une proie,
Ses nuits s'écouleraient sans sommeil.
Soudain la mort viendra, alors
Il ne tardera pas à laisser ses biens à d'autres.
Il n'y a de bon dans le labeur qu'il accomplit
Que les œuvres pies et la charité.
C'est pourquoi, ô fils du Dieu vivant, détournez-vous
Du piége du temps et de ses jouissances.

(1) Nom d'homme qui se rencontre dans *Proverbes* XXX, 1, et que le Midrasch applique au roi Salomon (M. Rabba, chap. VI).

Voici une notabilité célèbre en tous lieux,
Un prince, un chef de sa communauté.
Pendant des jours et des années, il gouverna,
Il fut toujours sur la brèche par sa prudence,
Bouclier et cuirasse dans le parvis des rois.
Son commerce aussi fut grand, étendu.
Il fut connu sous le nom de Jacob fils d'Abraham,
Son nom patronymique fut Bouchara.
Le 21 du mois d'ab de l'an 528,
Son âme monta dans les hauteurs des cieux.
Là, elle se réjouit, elle est heureuse, et le Tout-Puissant
Excuse et pardonne ses fautes.

Jacob Bouchara n'est autre que le riche négociant auquel M. Haddey (1) a consacré une longue notice sous le nom de Jacob di Raphaël Bouchara. Quoique le deuxième nom de Raphaël ne figure pas sur notre épitaphe, il ne saurait y avoir de doute sur cette identification, car Jacob, ayant un père appelé Abraham, a dû donner, suivant l'usage, le même nom à son fils, et ce fils, c'est Abraham Bouchara, l'auteur du ברית אברהם, dont le père s'appelait effectivement, d'après le titre et les préfaces de ce livre, Raphaël-Jacob. Quant à l'énonciation de Jacob di Raphaël, elle nous paraît fautive et elle doit, probablement, être corrigée en Jacob dit Raphaël. Conformément à la coutume juive du שנוי השם, c'est pendant le cours d'une grave maladie que Jacob a dû recevoir le nouveau nom de Raphaël, et c'est pour cela que ce dernier ne figure pas sur son épitaphe, pas plus que les noms de Raphaël Jedidia, ayant une origine identique, ne figurent sur l'inscription tumulaire du rabbin Salomon Seror (2).

A partir de 1735 jusqu'à sa mort, Jacob Bouchara occupa une place considérable dans le haut commerce algérien. Il affréta des navires pour Marseille, Barcelone, Livourne, Gênes, Venise, Tétuan, Tunis, Tripoli, les échelles du Levant. Il racheta un grand nombre d'esclaves d'ordre de Venise, Naples, Livourne, Hambourg. En cette même année 1735, qui est probablement celle de la mort de son père, il fut investi des fonctions de Mokdam ou chef de la nation

(1) *Livre d'Or*, p. 52.
(2) Voir ci-dessus.

juive, fonctions que son père avait remplies avant lui. En 1764, il devint consul de Raguse. Juda Ayache, dans la préface de *Bet Jehuda*, vante sa générosité et dit que son ouvrage, intitulé לחם יהודה (1), fut imprimé aux frais de cet homme de bien.

Jacob Bouchara mourut le 12 août 1768.

Son nom patronymique est un sobriquet arabe, qui signifie *l'homme à la mèche de cheveux.*

---

29. — C.

ZERAHIA MORALI

1772

Bloc de marbre en forme de cippe antique, surmonté d'un couronnement en feuilles d'acanthe. Longueur 1m52, largeur 0m50, hauteur 0m40. Les quatre côtés sont couverts d'inscriptions. Le petit côté 1 offre les noms et titre du défunt, plus une ligne d'arabesques; sur le petit côté 2 sont les qualifications de rabbin et de juge et une fleur; sur les grands côtés latéraux 3 et 4, il y a respectivement cinq et quatre lignes séparées par des interlignes larges de 2 centimètres. Les neuf lignes forment un poème de neuf distiques monorimes. Les caractères sur les petits côtés sont sculptés en creux; les autres, ainsi que l'ornementation, en relief.

INSCRIPTION

אצעק לבעלי שיר במר צוחתי   בזאו שאו קינה בקול תמרורים

ציון הלא תשאל לעוברי דרך   על דוד אשר ברח מערות צורים

צרות תכופות עברו על ראשו   עד ערת פקודתו ובא לקברים

למה זמן בוגד כמו זאת תעשה   תמאס לעובדי אל גברים ברום

איש תם כמוה"הר זרחיה תנצ"בה   נודע למורעלי בעיר מבצרים

חכם ושלם הוא וראש הישיבה   דיין קהלתו צבי עופרים

בקי בים התלמוד וכל הפוסקים   רמב"ם ובית יוסף מאד נהדרים

גדול מאד שברי וחילי נעזב   נהפך ששון לבי והדלו שירים

(1) *Léhem Jehuda*, le Pain de Juda.

TRADUCTION

J'appelle les poètes avec un cri amer :
Venez, entonnez des complaintes aux tristes accents.
Monument ! informe-toi auprès des passants
De l'ami qui s'est caché dans les cavernes des rochers.
Des épreuves successives passèrent sur sa tête,
Jusqu'à ce que son heure sonnât et qu'il descendît au tombeau.
Temps perfide ! pourquoi agir ainsi ?
Pourquoi opprimer les serviteurs de Dieu innocents et purs ?
L'homme intègre, l'honorable R. Zerahia (qu'il repose en paix),
Connu dans la ville forte sous le nom de Morali,
Fut savant parfait, chef de l'école talmudique,
Juge de sa communauté, un cerf parmi les jeunes faons.
Il était expert dans le Talmud et tous les décisionnaires,
Surtout les glorieux Rambam (1) et Joseph Karo (2).
Mon malheur est très grand ; ma force m'abandonne ;
La joie de mon cœur est bouleversée, les chants ont cessé.
En iyar 132, il a rendu avec souffrance son âme,
Qui remonta se délecter au milieu des cantiques.

R. Serahia Morali mourut en mai 1772. En sentant sa fin approcher, il convoqua les membres du tribunal rabbinique, dont il était président, et c'est en leur présence qu'il rendit l'âme (3).

Son nom de famille est emprunté à une des localités de l'Espagne qui s'appellent Moral.

Il figure sur le nécrologe de la Grande Synagogue.

(1) Maïmonide, appelé en hébreu Rabbi Moïse ben Maïmun et par abréviation Rambam, naquit à Cordoue en 1135 et mourut au Vieux Caire en 1204. Également célèbre comme rabbin, comme philosophe et comme médecin, il rédigea un abrégé méthodique du Talmud sous le nom de *Yad Hazaka* (La Main Forte) ou *Mischné Thora* (Répétition de la Loi). Son opinion fait autorité surtout en Afrique.

(2) Joseph Karo, né en Espagne en 1488, mort à Safed en 1575, talmudiste et kabbaliste, consacra trente-deux années de sa vie à composer un grand ouvrage casuistique appelé *Bet Joseph* (La Maison de Joseph), d'où le nom sous lequel l'auteur lui-même est quelquefois désigné. Il en fit ensuite un résumé connu sous le nom de *Schulhan Aruch* (La Table Dressée) et qui régit encore aujourd'hui, au point de vue religieux, le monde israélite. C'est proprement le Code rabbinique.

(3) Epitaphe de son fils R. Jacob Morali. V. § 44.

30. — A.

NEHORAI AZUBIB

1785

Bloc de marbre en dos d'âne, long de 1m62, large de 1m06, haut de 0m80. Le sommet est brisé. Les quatre côtés sont couverts d'inscriptions. Les deux bas-côtés 1 et 2 portent respectivement trois et huit lignes surmontées d'une fleur et comprenant ici les qualifications de rabbin et de juge, là les noms et titre du défunt. Sur chacun des deux grands côtés latéraux, il y a une inscription de vingt lignes formant un poème régulier de quatorze strophes. Chaque strophe est composée de quatre vers monorimes. Les caractères des petits côtés, ainsi que l'ornementation, sont en relief, ceux des grands côtés en creux.

INSCRIPTION

עדה המצבה	קמה וגם נצבה	אל איש ישראל בא	קבר עדר נשבה
אבכה בכי יעזר	אגוז לפאר נזר	הושלך אבי עזר	נאמר ברוך גוזר
יספוד כל איש עברי	אומר אבד שברי	אויה לי על שברי	כבה מאור גרי
איכה נחרב אולם	חשך אור העולם	בית עמי סר צלם	חלו כוכבי הלם
רבי ראש המדברים	סוגר פה שמורים	מאיר ארץ דרים	שמעו נא המורים
דיין שופט צדק	כשושן בין חדק	הוא מחזיק הבדק	אומר היטיב הדק
ראש בית אב לחכמים	צדיק הולך תמים	תוכחותיו הנעימים	מאיר עיני סומים
רב חסד איש חונן	לנבונים מתבונן	לצנועים הוא גונן	לעניים לב אונן
אם בארזים נפלה	שלהבת אש עולה	מה יעשה בן עולה	סכל דעתו קלה
אח לא פדה יפדה	עת בא מלאך צודה	מעדה בגד יעדה	לכן ספדי נודי
נר מצוה אור תורה	הארי שבחבורה	חכמתו הישרה	אויה כי נעדרה
אור רב לנהוראי רב	יזכה לאור נערב	עת קץ ישע יקרב	יבנה מקדש שנחרב
חשון שמש ערבה	נתבקש בישיבה	שבת קדש יום בא	כך עלתה מחשבה
תק"מה אל היצירה	אל חי גדול נורא	יבנה בית הבחירה	משם תצא תורה

TRADUCTION

Ce monument est un témoin. — Il s'est levé et dressé — sur un israélite qui vint — au tombeau comme un troupeau pris à la guerre. — Je pleure comme sur Jaazer (1), — j'arrache la parure de mes cheveux : — le

(1) Expression empruntée à Isaïe, XVI, 9. Jaazer était une ville de la tribu de Gad, dont ce prophète annonça la destruction.

père de mon secours est vaincu. — Disons : Bénit soit celui qui décrète ! — Que tout Hébreu prenne le deuil, — disant : Mon espoir est perdu, — je me lamente sur mon malheur, — le feu de ma lumière s'est éteint. — Comment a été ruiné le portique (du Temple), — s'est éteint le flambeau du globe ? — La maison de mon peuple, — son protecteur s'est retiré d'elle, — ses étoiles brillantes se sont voilées. — Mon rabbin était le meilleur des orateurs, — fermant la bouche qui l'observait, — éclairant la terre des vivants. — Ecoutez, vous qui enseignez ! — Il était un juge prononçant avec équité, — semblable à une rose parmi les épines. — Il restaurait ce qui se lézardait — disant : Faites bien et menu (1). — Il était chef d'une famille de rabbins, — juste, marchant dans la droiture. — Par ses remontrances douces — il éclairait les yeux des aveugles. — Plein de piété, compatissant, — attentif aux intelligents, — protecteur des vertueux, — il avait un cœur tendre pour les pauvres. — Si sur les cèdres est tombée — la flamme de feu montant, — que fera le fils de l'iniquité, — l'insensé à l'esprit léger ? — Son frère ne le rachètera pas, — lorsque viendra l'ange qui guette, — il le dépouillera de son vêtement : — c'est pourquoi pleure et gémis. — Une lumière du précepte, un feu de la loi : — tel fut ce lion de l'assemblée. — Sa sagesse si véritable, — hélas ! elle a disparu. — Nehoraï le rab eut une vive lumière (2). — Il jouira d'une lumière délicieuse, — lorsque l'heure du salut approchera — et que le sanctuaire détruit sera rebâti. — En hesvan le soleil se coucha. — Il fut mandé à la cour céleste. — Son heure sonna le saint sabbat : — telle fut la volonté divine, — 545. Le Dieu de la création, — le Dieu vivant, grand, redoutable, — rebâtira la maison d'élection, — d'où sortira encore la Loi.

Nehoraï Azubib, dont le père Sadia et l'aïeul Nehoraï avaient été de savants rabbins, fut lui-même rab d'Alger. Il composa quelques prières pour l'anniversaire que la communauté institua le 10 et le 11 tammuz, après l'échec de l'expédition du comte O'Reilly contre les Algériens. Plusieurs courtes poésies arabes se trouvent sous son nom dans le recueil intitulé שבחי אלהים (3). Il est aussi l'auteur d'un commentaire peu étendu sur le קרוב"ץ d'Alger (3). En 1756, il écrivit une préface pour le *Pi Tzadik* de R. Mimoun Yafil. En 1783, il signa avec les autres rabbins d'Alger

(1) Expression empruntée au Talmud, traité Keritot 6 b. Pendant l'opération qui consistait à broyer et à pulvériser les divers ingrédients de l'encens, le prêtre chargé de ce service devait dire à l'opérateur : הדק היטב היטב הדק, faites très menu. Le Talmud explique cette prescription par l'heureux effet que le son de la voix humaine exerce sur la qualité des parfums.

(2) Jeu de mots sur le nom de Nehoraï, qui veut dire, en chaldéen, lumineux.

(3) Edition d'Oran, p. 173.

4) Recueil de cantiques pour les jours fériés.

l'approbation qu'ils mirent en tête du מטה יהודה (*Maté Jehuda*, le Bâton de Juda) de R. Juda Ayache. En 1784, il figure sur une approbation pareille dans le זרע יעקב (*Zéra Jacob*, la postérité de Jacob) du rabbin algérien Jacob Ibn Naïm.

R. Nehoraï se distingua par son noble caractère. Il donna un jour un bel exemple de désintéressement. En 1741, un jeune homme de vingt-cinq ans, Sadia Duran, malade de la peste et sentant sa fin approcher, disposa de tous ses biens en faveur de divers légataires, et entre autres d'une maison en faveur de R. Nehoraï, son oncle maternel. Nous avons vu (1) que R. Joseph Benjamin Duran fut aussi parmi les légataires. Or, les héritiers naturels, tous parents éloignés, attaquèrent ce testament, et R. Nehoraï Azubib renonça spontanément à sa part de la succession.

Il mourut en octobre 1785.

Le nom d'Azubib, suivant M. Isidore Loeb, est le même qu'Azubi (2). Il est emprunté à אזוב qui serait le nom hébreu de la ville d'Orange (3).

---

31. — E.

SAMUEL CHICHE

1787

Bloc de marbre en dos d'âne, long de $1^{m}50$, large de $0^{m}51$ et haut de $0^{m}64$. Sur le petit côté 1 il y a le sigle funéraire entouré d'arabesques, sur le petit côté 2 des arabesques seulement. Les deux grands côtés latéraux 3 et 4 portent respectivement six et sept lignes, qui forment quatorze vers assez irréguliers et rimant deux par deux. Inscription et ornementation en relief.

(1) Voir § 27.
(2) *Revue des Etudes juives*, I, 74.
(3) *Ibid.*, 79 et 199.

INSCRIPTION

עד אן זמן בוגד לקשתך תדרוך
תוך לב שחור ראש קרב בם תערוך
להם הלא תוביל בדם וחלבים
תוך אשמנים במאד נעלבים
מהם בעודם תוך שנת חופתם
קצצת אברת חייתם
עודם בטובה בשמחות וגיל
הצלת עדים לכומז ועגיל
כן נהיה אל איש שמואל נקרא
נודע לבית שש נחטף ונקטף יום עברה
ניגף במגפה יום יומים
רבים במפעלך יהמיון חיש השכה שמשו כבין ערבים
תמוז התקמ"ז יעמוד חי קיים
יום יפקוד עם דל אלהים קיים

TRADUCTION

Jusques à quand, temps perfide, dirigeras-tu ton arc contre les cœurs?
Temps noir, la tête, le ventre, voilà où tu vises!
Tu traînes tes victimes avec tout leur sang et toute leur graisse
Dans les tombeaux affreux.
Encore dans l'année de leur mariage
Tu tranches le fil de leur vie.
Au milieu de leur satisfaction, de leur joie, de leur bonheur,
Tu leur arraches leur parure, bracelets et anneaux.
Tel fut le sort de celui qui s'appela Samuel
Chiche. Il fut cueilli et enlevé en un jour de colère,
Après avoir été malade de la peste un jour ou deux.
Beaucoup s'émeuvent de ton œuvre.
Rapidement son soleil s'est éteint entre deux soirs,
En tammuz 5547. Il se relèvera vivant et existant,
Le jour où le Dieu vivant se souviendra du peuple humilié.

Nous avons retrouvé le nom de Samuel Chiche dans la Ketuba de sa femme, qui est conservée dans le registre des Ketubot de la communauté d'Alger. Il se maria le jeudi 3 nissan 5547, et comme son épitaphe le dit, il mourut trois mois après, en tammuz (= juillet 1787). Son père s'appelait Moïse, sa femme Méliha. Celle-ci était orpheline, fille de feu Samuel Siari. Elle lui apporta en dot un trousseau valant

2,530 dinars d'or (1), plus l'usufruit, évalué à 150 gros, d'une maison dite Dar ben Deblir et située dans la rue de Dar ben Albou. Cette maison, qui paraît avoir été une synagogue, est mentionnée à ce titre dans l'élégie sur le sac d'Alger, dont nous donnons la traduction en appendice.

La peste de 1787, sur l'existence de laquelle M. Berbrugger émet des doutes dans son mémoire déjà cité, fut terrible. Elle commença à sévir au mois de janvier et disparut à la fin d'août. Un témoin oculaire rapporte qu'à certains jours la seule occupation des habitants fut de creuser les tombes des décédés (2). Suivant un tableau de mortalité dressé par le même, depuis le 1er mai jusqu'au 31 juillet, mille sept cent soixante-onze israélites furent enlevés. Le maximum fut atteint le 13 mai, où le nombre des victimes de cette catégorie fut de soixante. Pendant la même période, les musulmans perdirent treize mille cinq cent dix-huit des leurs, les chrétiens cinq cent quarante.

Le nom de Chiche pourrait être un mot arabe signifiant poignard. On trouve le même nom avec la forme féminine Chicha, et diminutive Chouicha, qui est devenu en français Suissa.

---

32. — B.

MISAEL BUSNACH

1787

Bloc de marbre en dos d'âne, long de 1m17, large de 0m55, haut de 0m49. Le bas-côté 1 porte le sigle funéraire entouré d'arabesques, le tout en relief. Sur l'autre bas-côté se trouve l'inscription espagnole suivante, sculptée en relief, haute de 0m29 et disposée sur sept lignes :

En este sepulcro esta el difunto
Misael Buchnac 30 lulio 1787.

(1) Le dinar d'or valait à Alger 0,125 millimes.
(2) *Nachrichten*, III, 288.

Les deux grands côtés latéraux 3 et 4 ont respectivement dix et neuf lignes en creux. L'épitaphe ne suit pas un rythme uniforme. On y distingue surtout des strophes de quatre vers monorimes.

INSCRIPTION

אל תבטחו אישים בהבלי הזמן כי צר ואויב הוא ובלתי נאמן
קוצץ וכותת הוא לנטע נעמן כך גזרה הכמה בדין אל נאמן
פועל אמת ברוך מחיה ממית משביר לישר תם ודובר באמת
מעניש לעקש רע ואוהב תרמית ברוך אשר גוזר והיא קיימת
אל תבכו למת ואל תנודו כי כן גזר דין אל בעת מולדתו
הולך בבוא עתו ושם ינוח יקצור אשר זרע ראות חמדתו
אתם בני אדם בני איש יחד תבכו עלי נכבד שמו מישאל
ממשפחת רם לבית בוגנאח הוא תק"מז בחודש אב במאמר האל
תמים במשאו וגם מתנו באמת ובאמונה בכל ענינו
עדן מחיצתו תהיה משכורתו יחסה יתלונן בצל סוכתו
נשמח בבית אל חי ובעבודתו נגיל בבן ישי וגדולתו

TRADUCTION

O hommes, ne vous fiez pas dans les vanités du temps,
Car il est hostile, contraire et sans fidélité.
Il coupe et broie les plants agréables :
Ainsi le veut la sagesse, par l'ordre du Dieu fidèle,
Qui exerce la vérité. Béni soit-il! il fait vivre et mourir,
Il récompense le juste, l'intègre qui dit la vérité,
Et il punit le pervers, le méchant aimant la tromperie.
Béni soit celui qui décrète et qui exécute !
Ne pleurez pas le mort et ne le plaignez pas,
Car telle est la destinée que Dieu lui fixe en naissant.
Il part lorsque son heure est venue, et trouve le repos.
Il récolte ce qu'il a semé : la contemplation des beautés célestes.
Mais vous, fils des humbles et des grands, ensemble
Pleurez sur l'honorable Misael,
Qui fut de la famille distinguée des Busnach.
En 547, au mois d'ab, il partit suivant la volonté de Dieu.
Il fut sans reproche dans ses transactions,
Franc et loyal en toute chose.
L'Eden est son séjour. Là sera sa récompense.
Il s'abritera à l'ombre de son pavillon.
Quant à nous, notre joie, c'est la maison du Dieu vivant et son service ;
Notre allégresse, c'est le fils de Jessé et sa grandeur.

Misael Busnach, oncle du célèbre Neftali, s'occupa, comme lui, de commerce. Cependant il ne figure pas sur le

Livre d'or, de M. Haddey, sans doute parce qu'il opérait pour le compte et sous le nom d'un autre, peut-être de ses parents les Bacri.

Il était initié à la science religieuse, car le livre des Ketubot lui donne le titre de maskil. Il eut deux filles, Diamante et Luna, qui se marièrent après sa mort et qui épousèrent, l'une après l'autre, un homme appelé Ismaïl Yaïsch. La dot de la première consistait en un trousseau évalué à 8,740 dinars, ou 1,092 fr. 50 de notre monnaie, ce qui paraît bien peu pour une orpheline de grande maison. Cette énigme pourrait s'expliquer par une ancienne coutume d'Alger, qui défendait à tout père de famille, quelque riche qu'il fût, de faire écrire à sa fille une ketuba supérieure à cette somme de 8,740 dinars. Ajoutons, cependant, qu'il lui était loisible de lui donner davantage, mais alors mention en était faite, non pas dans la ketuba elle-même, mais dans l'extrait qui était transcrit dans le registre de la communauté. En cas de reprise des apports, c'est ce dernier qui faisait foi.

Le nom de Busnach, quoi qu'en dise le *Livre d'or*, p. 41, est arabe. On le rencontre dans les actes, il est rapporté dans le *Vocabulaire officiel* cité plus haut, il s'écrit Bou Djenah, et signifie l'homme à l'aile.

---

33. — B.

MOISE COHEN SOLAL

1788

Bloc de marbre en dos d'âne, long de 1m46, large de 0m49 et haut de 0m51. Sur le bas-côté 1, des mains de cohen; sur le bas-côté opposé, une aiguière de lévi, le tout sculpté en relief. Sur le côté latéral 3, une inscription espagnole comprenant trois lignes en relief et mesurant 0m20 de hauteur :

> **Aqui yace el bienaventurado S. Moseh**
> **de Isaque Coen Sullal falecio dia 24**
> **d'el mes de sivan ano 5548.**

Le côté latéral 4 porte une épitaphe en hébreu de sept lignes sculptées en creux et dont les quatre premières riment entre elles. Chacune de celles-ci forment une strophe de quatre verselets, dont les trois premiers sont monorimes.

INSCRIPTION

משה נעדר   שמשו קדר   עז והדר   לכל נברא
וגם אשתו   ובני ביתו   הן הם אתו   לאזכרה
במגפה   שחר עיפה   היא צרופה   נפש ברה
נפשו ירוח   בגן רוח   גם לא יכבה   בלילה נרה
מצבת קבורת. היקר נכבד נשא ונעלה ה"ר משה ן" יצחק הכהן
שולאל נל"ע יום כ"ד לחדש סיון שנת התקמ"ח ת" נ" צ" ב" ה"

TRADUCTION

Moïse n'est plus, — son soleil s'est éteint, — lui qui fut force et gloire — pour tous les hommes. — Sa femme aussi — et les siens — sont avec lui — en guise d'offrande. — Par la peste — l'aurore s'est obscurcie. — Elle est éprouvée, — l'âme pure. — Son âme se plaît — dans un jardin spacieux, — et sa lumière la nuit — ne s'éteint pas.

Monument du tombeau de l'honorable et élevé Moïse, fils d'Isaac Cohen Solal, décédé le vingt-quatrième jour du mois de sivan de l'an 5548. Sigle funéraire.

Moïse Cohen Solal, négociant notable (1), mourut de la peste le 29 juin 1788. Toute sa famille périt avec lui. C'est ce qui résulte des termes de son épitaphe.

La peste avait disparu à Alger vers le milieu de l'an 1787. Elle y fut rapportée le 24 décembre par un étudiant de Tlemcen où elle sévissait encore. Elle dura, sans grande violence d'ailleurs, jusqu'en juillet 1788 (2). Cette année n'est pas mentionnée dans le Mémoire de M. Berbrugger.

L'étymologie du nom de Solal est incertaine. Dans un vieux document il est écrit Xulel (3). Quelques-uns pensent qu'il est emprunté au verset de *Job*, XII, 19 : מוליך כהנים שולל. Cette explication est spécieuse, car il n'y a que des Cohen qui portent ce nom ; mais il n'est pas admissible, d'un autre côté, que quelqu'un en ait adopté volontiers un de si mau-

(1) *Livre d'or*, page 66.
(2) *Nachrichten*, III, 294.
(3) Voir *Revue des Études juives*, tome XIV, page 261.

vais augure. On pourrait y voir, à cause de sa forme, un nom arabe de métier. Il correspondrait alors à *sallal* ou *soullal*, qui désigne un fabricant de ces sortes de paniers appelés *sella*. Mais le plus simple encore est de penser que Solal est une corruption de l'espagnol Sola, ou mieux Solar.

---

34. — C.

ABRAHAM AYACHE

1791

Plaque de marbre longue de $1^{m}03$, large de $0^{m}52$, ornée d'une sculpture en forme d'arceau mauresque. Hauteur de la partie écrite $0^{m}84$. L'inscription, qui comprend douze lignes en creux, est fort simple. Nous croyons cependant utile de la reproduire, à cause de la mention qui y est faite du célèbre R. Juda Ayache et des qualifications très élogieuses dont il y est l'objet.

INSCRIPTION

ת׳ נ׳ צ׳ ב׳ ה׳ מצבת קבורת החכם הנבון כה״ר אברהם נ״ע בן לאותו
צדיק גאון עוזנו ציץ תפארתנו מורינו הרב המופלא וכבוד ה׳ מלא
כמוה״רר יאודה עייאש ד״לה״ה נלב״ע ז ימים לחדש מרחשון התקנ״ב

TRADUCTION

Sigle funéraire. — Monument du tombeau du savant intelligent le rabbin Abraham (qu'il repose en paix), fils du juste, l'orgueil de notre force, le diadème de notre gloire, notre maître, le rab éminent, rempli de l'honneur divin, Rabbi Juda Ayache, de mémoire bénie. Il décéda le 7 hesvan 5552.

Juda Ayache est, après Isaac Berfet et Simon Duran, celui des rabbins d'Alger qui y a laissé le souvenir le plus vivace et le plus vénéré. Il y exerça les fonctions de dayan pendant vingt-huit ans, depuis 1728 jusqu'en 1756 (1).

Le 11 janvier 1727 (16 tébet 487), il perdit son père Isaac,

(1) Préface de *Bené Jehuda*.

et à l'occasion du bout du mois, il prononça un הספד ou oraison funèbre, qui est imprimée dans *Pi Tsadik*, page 62.

En mai 1740, il mit par écrit les מנהגים ou coutumes d'Alger, qui étaient le résultat d'une pratique plusieurs fois séculaire et qui servent encore aujourd'hui de règle à la communauté israélite de cette ville.

L'activité pastorale de Juda Ayache fut vraiment extraordinaire. Juge, il voyait venir à lui toutes les contestations civiles de ses coreligionnaires, car il était la plus haute autorité de l'époque. Talmudiste, il enseignait à ses disciples la science sacrée du matin jusqu'au soir, et il passait même plusieurs nuits par semaine à étudier avec eux jusqu'à l'aube. Enfin, comme rabbin ayant charge d'âmes, il avait pris l'habitude d'adresser à ses ouailles, tous les samedis, des instructions morales, qui duraient depuis midi jusqu'au soir. A tout cela il faut ajouter la correspondance qu'il entretenait avec des collègues étrangers et qui avait pour objet d'élucider des points de droit ou de théologie. Ses consultations étaient demandées au Maroc, en Italie, en Egypte.

Accablé par ce lourd fardeau, distrait de ses chères études par ses multiples fonctions, il résolut de mettre à exécution un projet qu'il avait conçu dès l'âge de vingt-cinq ans, celui d'émigrer à Jérusalem, la ville sainte. Plusieurs fois déjà il avait manifesté l'intention de s'en aller, mais la communauté n'avait jamais voulu y consentir. Enfin, en 1755, ne pouvant résister plus longtemps au désir de toute sa vie, voyant d'ailleurs avec douleur que, malgré ses efforts, la population perdait le respect des rabbins, la piété et la vertu, il vendit ses biens, meubles et immeubles, et arrêta son passage et celui de sa famille sur un navire anglais en partance pour Livourne. A cette nouvelle, la consternation fut générale dans la communauté. Grands et petits, riches et pauvres accoururent chez le rabbin vénéré pour le supplier de renoncer à son projet et de ne pas abandonner son troupeau. Il fut touché jusqu'aux larmes par ce désespoir sincère, mais il ne se laissa pas fléchir. Excité par la résistance, il prononça même le serment solennel que rien ni personne ne l'empêcherait de partir.

Sur ces entrefaites, le bruit se répandit que les Français,

alliés aux Espagnols, avaient déclaré la guerre aux Anglais et qu'il n'y avait, par conséquent, plus de sécurité sur mer. Alors R. Juda, cédant aux circonstances, promit aux Algériens de rester encore dix mois au milieu d'eux, mais à la condition expresse qu'il serait exempté des fonctions absorbantes de dayan et chargé seulement de l'enseignement et de la prédication.

Pour apaiser ses scrupules en ce qui concernait son serment, les rabbins, ayant à leur tête R. Abraham Yafil, lui délivrèrent un certificat attestant qu'un cas de force majeure l'avait seul empêché de l'accomplir. Cette pièce est datée de ellul 515 (1755) (1).

La manifestation populaire que nous venons de raconter montre de quelle haute estime R. Juda jouissait à Alger. La suite de son histoire prouve qu'il n'était pas moins vénéré au dehors. En août 1756, il put enfin partir. Afin d'éviter toute nouvelle opposition, il avait eu soin de se munir de l'autorisation du Dey. Il s'embarqua pour Livourne avec sa famille. Les trois frères Duran, très riches et très influents, se chargèrent de tous les frais du voyage, et, sur leur demande, le consul le recommanda chaleureusement au capitaine du navire sur lequel il prit passage. La traversée fut heureuse et ne dura pas plus de huit jours (2).

Pendant qu'il était encore retenu au Lazaret pour purger sa quarantaine, il reçut une lettre d'un notable de la communauté de Livourne, Moïse Haïm Franco, qui l'invita à descendre chez lui. Non seulement ce généreux Mécène l'hébergea, lui et les siens, pendant plusieurs mois, mais encore il acheta pour lui tous les livres qu'il désirait et fit imprimer à ses frais l'ouvrage du rabbin intitulé *Bené Jehuda*.

Malgré la douceur de sa nouvelle existence et l'amitié de son hôte, R. Juda Ayache ne resta pas longtemps à Livourne. Il se remit en route pour se rendre à Jérusalem. Il mourut dans cette ville pendant la fête de Rosch Hachana, 521 (= septembre 1760) (3).

(1) Tous ces faits sont relatés dans *Bené Jehuda*, 194 b. et sqq.

(2) Préface de *Bené Jehuda*.

(3) Frontispice de *Maté Jehuda*. Cf. préface de *Vezot Lihuda*.

R. Juda Ayache écrivit beaucoup. Il laissa plusieurs ouvrages qui furent tous, sauf un seul, imprimés à Livourne de son vivant ou après sa mort. En voici la liste :

1° לחם יהודה, *Léhem Jehuda* (Le Pain de Juda), recueil d'observations critiques sur le *Yad Hazaka* de Maïmonide, 1745;

2° בית יהודה, *Bet Jehuda* (La Maison de Juda), consultations casuistiques, suivies du *Recueil des Coutumes d'Alger*, 1745. C'est le livre le plus connu de l'auteur;

3° בני יהודה, *Bené Jehuda* (Les Fils de Juda), contenant deux ouvrages distincts : A. la deuxième partie du *Léhem Jehuda;* B. la deuxième partie du *Bet Jehuda*, 1758;

4° וזאת ליהודה, *Vezot lihuda* (Et ceci aussi est de Juda), recueil de commentaires, d'homélies et de dissertations sur divers sujets, 1760;

5° מטה יהודה ושבט יהודה, *Maté Jehuda et Schéfet Jehuda* (Le Bâton de Juda et la Verge de Juda), observations critiques sur la première et la deuxième partie du *Code rabbinique* de Joseph Caro, 1783 (1);

6° עפרא דארעא, *Afra deara* (La Poussière du pays), commentaire sur l'ouvrage de R. Israel Jacob Algazi, intitulé ארעא דרבנן, *Ara derabanan* (Le Pays des Rabbins), et ayant pour sujet la distinction des préceptes d'institution divine et des préceptes d'institution rabbinique, 1783 (2);

7° קול יהודה, *Kol Jehuda* (La Voix de Juda), homélies sur les deux premiers livres du Pentateuque, selon l'ordre des sections sabbatiques, 1793.

Un autre traité sur le Pentateuque, intitulé פליטת בית יהודה, *Plédat Bet Jehuda* (Reste de la Maison de Juda), et dont il est question dans la préface de *Maté Jehuda*, n'a pas été publié.

Juda Ayache eut trois fils, tous rabbins, Jacob Moïse, Joseph et Abraham.

(1) Cette édition est inconnue de l'auteur de *Otzär Hasepharim*.

(2) Fürst, cité par Otzar Hasepharim, dit que le *Afra deara* fut imprimé pour la première fois en 1745 à Constantinople. Le fils de l'auteur écrit au contraire en 1783 dans la préface de *Maté Jehuda*, que cet ouvrage fut imprimé à Livourne par Jacob Nunez Vaez.

L'aîné, Jacob Moïse, fut Kolel de Jérusalem, c'est-à-dire qu'il fut envoyé par les Israélites de cette ville dans les pays d'Occident pour recueillir des aumônes en leur faveur. En 1783, il arriva à Alger, où on lui fit belle réception en souvenir de son vénéré père. Abraham Bouchara, alors chef de la nation, et Juda Duran le comblèrent de bienfaits. A Livourne, où il se rendit ensuite, il ne fut pas moins bien traité. L'ancien hôte de son père, le noble Franco, reporta sur lui son affection. Eliézer Haï Chelhiel Recanati lui donna également un témoignage effectif de sa bienveillance. Il avait apporté avec lui, pour le faire imprimer, le manuscrit de *Maté Jehuda*, un des ouvrages de son père. Recanati contribua pour la plus forte part aux frais de cette publication. Quelque temps après, Jacob Ayache fut appelé au poste de rabbin à Ferrare, où il mourut sans enfants.

Son frère Joseph revint aussi à Alger. Il y épousa en troisièmes noces la sœur du rabbin martyr Mardochée Narboni (1). Il entreprit d'imprimer ce qui restait encore des manuscrits de son père. Après avoir épuisé ses propres ressources pour cet objet, il résolut d'y pourvoir au moyen de souscriptions. Quoique malade et presque entièrement privé de la vue, il parcourut les villes de l'Occident et il parvint à réunir la somme nécessaire pour publier le *Kol Jehuda* (1793) (2). Sur la fin de ses jours il retourna à Jérusalem.

Le dernier fils de R. Juda, Abraham, est celui de notre inscription. Lui aussi, il fit imprimer un volume de son père, le *Vezot lihuda*. Il mourut à Alger le 23 octobre 1791.

R. Juda Ayache figure sur le nécrologe de la Grande Synagogue, ainsi que son fils Joseph.

Son nom de famille est un prénom arabe.

(1) Voir plus loin § 38.
(2) Préface de ce traité.

35. — C.

ABRAHAM TUBIANA

1793

Bloc de marbre en dos d'âne, surmonté d'une feuille d'acanthe. Longueur $1^{m}25$, largeur $0^{m}42$, hauteur $0^{m}55$. Les quatre côtés sont couverts d'inscriptions. Bas-côté 1, les qualifications rabbiniques d'usage, surmontées d'une couronne, et plus haut d'arabesques. Bas-côté 2, le sigle funéraire entouré d'arabesques. Toute cette partie est sculptée en relief. Les grands côtés latéraux portent respectivement neuf et huit lignes en creux. L'épitaphe comprend neuf strophes en majeure partie monorimes. Chaque strophe est composée de quatre verselets également monorimes.

INSCRIPTION

חכם במיתתו אין עוד תמורתו עת בוא חליפתו עד יגדל בלתו
האם בקטנותו מעת יצירתו עלה במעלתו עד זקנה אתו
אם במדינתו אז לסגולתו אך רק לזולתו מה יעשו עדתו
אבל על מותו אוי על פרידתו נסתר בחכמתו נגלה בבינתו
נודעה שלימותו דיין קהילתו חבר בספרתו פרד"ם בטוב דעתו
חרד וגם נדהם ישאג כים יהם יספוד לאברהם מאיר כאור שוהם
עתה נהי קינה על הוד אשר פנה היה לראש פנה נודע לטוביאנא
כ"ה באלול עתו תקנ"ג אסיפתו עדן מחיצתו נוח לנשמתו
ומלאכי שלום יצאו לעומתו יוצר יחידתו הלקו ונחלתו

TRADUCTION

Lorsque le sage meurt — et que son heure est arrivée, — personne ne le remplace, — jusqu'à ce qu'un autre ait grandi, — à moins que dès sa jeunesse, — dès le temps de sa naissance, — cet autre ne se soit élevé avec lui — et avec lui n'ait vieilli. — S'il est dans le même pays, — la communauté le possèdera, — mais le profit ne sera que pour les autres. — Quel deuil ne fera pas — l'assemblée sur son trépas! — Pleurons sa perte. — Sa science fut dans le mystérieux (1); — sa prudence éclata au grand jour; — sa piété était renommée. — Dayan de sa communauté, — il écrivit entre autres — sur le Pardès (2) par sa grande pénétration.— Celui-

(1) La Kabbale.

(2) Mot conventionnel qui désigne les sciences occultes.

ci respectueux et confondu — gémit et mugit comme la mer, — se lamente sur Abraham, — qui brillait comme un diamant. — A présent il y a cris et plaintes — sur notre gloire qui n'est plus, — sur celui qui fut notre pierre angulaire, — et qui s'appelait Tobiana. — Le 25 elul son heure sonna; — en 553 arriva sa fin. — L'Eden est le séjour — où son âme repose. — Les messagers de la paix — sortirent à sa rencontre. — Le créateur de son être — est son lot et son partage.

Abraham Tubiana, dayan à Alger, étudia avec prédilection les sciences occultes. Il fut un des chefs de la doctrine kabbaliste dans cette communauté, et, en cette qualité, il fut activement mêlé à une grande querelle théologique qui la troubla vers le milieu du siècle dernier.

La coutume très ancienne d'Alger était de supprimer dans l'office la répétition du Chemoné-Esré (1) par l'officiant, celui-ci le récitant à haute voix en même temps que l'assistance le disait à voix basse. La même coutume permettait de couper les prières des fêtes et des jeûnes par l'intercalation de piutim (2). Plusieurs rabbins kabbalistes, Ichoua Sidoun, Joseph Abulker, Aron Moati et surtout Abraham Tubiana, trouvant cette liturgie contraire aux idées de R. Isaac Luria (3), introduisirent dans leurs synagogues respectives l'usage de répéter les Dix-Huit Bénédictions et de lire les piutim à la fin de l'office ordinaire. Cette réforme, très louable en elle-même, ne fut pas du goût des zélateurs, qui crièrent au sacrilège et taxèrent l'innovation de schisme. La lutte durait depuis deux ans, lorsque les réformateurs eurent l'idée de demander l'avis de Messaoud Raphaël

(1) Dix-Huit Bénédictions, ou Amida (action de se tenir debout), une des deux principales prières de la liturgie juive, que l'on dit trois fois par jour, debout et les pieds joints.

(2) Cantiques composés par des rabbins postérieurement aux prières du rituel, qui sont l'œuvre des docteurs de la Grande Synagogue (328-196 avant l'ère vulgaire).

(3) Fameux rabbin mystique, kabbaliste et thaumaturge. Né à Jérusalem en 1534, il perdit son père de bonne heure et fut élevé, au Caire, par son oncle Mardochée Francès. Il mena une vie contemplative et solitaire et mourut à Safed en 1572. Délaissant le Talmud pour le Zohar, qui venait d'être imprimé pour la première fois et dont les rêveries attiraient son esprit exalté, il restaura la théorie de la métempsycose et inventa celle de la superfétation des âmes, suivant laquelle une âme qui a déjà quitté ce monde peut y revenir et s'unir à une âme sœur. Mort à trente-huit ans, Isaac Luria fut presque divinisé par ses disciples, qui propagèrent sa doctrine, et dont le plus célèbre fut R. Haïm Vital Calabrese.

Alfassi, savant rabbin de Tunis. Celui-ci leur donna raison (1), mais le parti opposé ne s'avoua pas vaincu, et jusqu'à ce jour la diversité s'est maintenue à Alger, au moins en ce qui concerne les piutim. Quelques synagogues les récitent avant l'office, d'autres pendant, d'autres après.

Le rabbin Tubiana voyagea beaucoup. Chargé d'éditer le *Maguen Aboth* (מגן אבות, le Bouclier des Pères), de R. Simon Duran, et le *Yahin Ouboaz* (יכין ובועז) des petits-fils de celui-ci, R. Tzemach et R. Simon, il fit une quête pour subvenir aux frais de cette publication. Il parcourut l'Algérie et l'Italie, séjourna à Tunis, où il se trouva en 1785. Il composa lui-même des ouvrages kabbalistiques, le *Hesed Leabraham* (חסד לאברהם, La Piété d'Abraham), commentaire sur le *Rituel* qui parut à Mantoue en 1785, et le *Echel Abraham* (אשל אברהם, le Verger d'Abraham), commentaire sur le *Livre des Préceptes* de Maïmonide, qui parut la même année à Livourne. Un autre traité de lui sur les préceptes négatifs et intitulé *Etz Hadaat* (עץ הדעת, l'Arbre de la Science), est resté manuscrit (2). Le rabbin Joseph Azubib tenait en haute estime R. Abraham Tubiana, et il le mentionne avec éloge dans la préface de son livre *Yamim Ahadim* (ימים אחדים, Quelques Jours).

Tubiana mourut le 2 septembre 1792. Il figure sur le nécrologe de la Grande Synagogue.

Son nom patronymique paraît emprunté à l'expression talmudique טובינא דחכימי.

(1) משחא דרבותא, *Mischha Derabbavata* (l'Huile des Rabbins), page 3; Mayer Kohn Bistritz, *Mannheimer Album*, page 10.

(2) *Toldot Guedolé Israël* (ספר תולדות גדולי ישראל, Dictionnaire biographique des grands d'Israël), page 47.

36. — B.

BENJAMIN BUSNACH

1792

Bloc de marbre en dos d'âne, long de 1^m11, large de 0^m53, haut de 0^m54. Sur les bas-côtés des arabesques sont sculptés en relief; sur l'un d'eux, il y a de plus le sigle funéraire. Les côtés latéraux portent respectivement huit et sept lignes sculptées en creux. L'épitaphe comprend vingt-deux vers rimant deux à deux. Il ne reste plus du douzième vers que le premier mot; les autres sont effacés, ainsi qu'un mot du dixième.

INSCRIPTION

לכם בני ציון יקרי ערך   עובדי אלד"ים הולכי על דרך
יאות אמת פיכם לקינה ולמד   על טות שתיל נעים לרואיו נחמד
מבני גבירים הוא יפה העין   תואר גדולים ומחמד עין
יד מתאנה לו לעת הערב   פגעה כדוב שכול במכת חרב
בין המבואות כי אפילות הנה   שם האלהים חיש · · · ואנה
הביא בכליותיו לחרב חדה   פתאום · · · · · · · ·
נאקת חלל ביציאת נפש   נאם ונפל לו עלי טיט רפש
לבי להרוג זה במר לב יאנח   בן הגביר משה יצ"ו בית בוגנח
ה"ר בנימין הוא מפואר נכבד   רודף צדקה ולא זו בלבד
יום הדלקת נר בכסלו תקנ"ג   נרו הלא כבה ועופש פגג
יום עובדי האל אלד"ים חיים   נפשו צרורה בצרור החיים

TRADUCTION

Précieux fils de Sion,
Serviteurs de Dieu, passant sur le chemin,
Il sied en vérité que votre bouche apprenne des complaintes
Sur la perte d'un plant agréable, plaisant à voir,
Un fils de haut personnage, beau de figure,
Qui avait l'air noble et était la délectation des yeux.
Une main le guetta vers le soir
Et se jeta sur lui à coups d'épée comme un ours irrité
Au milieu des carrefours ténébreux.
Là Dieu prématurément permit son malheur
Et porta dans ses reins l'épée tranchante.
Soudain.............................

Comme un blessé à mort en rendant l'âme,
Il soupira et tomba sur la terre fangeuse.
Amèrement mon cœur gémit sur cette victime,
Fils de l'éminent Moïse Busnach.
Benjamin était renommé, honoré,
Aimant la justice. Ajoutez que
Le jour où l'on allume les lumières (1)
Sa lumière s'éteignit et son miel se corrompit.
Au jour des serviteurs du Dieu vivant
Son âme fut enveloppée dans le faisceau de vie.

Benjamin Busnach, fils de Moïse, était frère du célèbre Neftali (2). Il mourut un vendredi soir de novembre 1792, traitreusement assassiné dans les rues d'Alger.

---

37. — A.

JOSEPH AZUBIB

1794

Bloc de marbre en dos d'âne, long de 1m62, large de 1m06 et haut de 0m54. Les bas-côtés 1 et 2 portent les qualifications d'usage, les noms et titres, entourés d'arabesques, le tout en relief. Sur chacun des côtés latéraux se trouvent dix lignes en creux. L'épitaphe comprend quatorze distiques monorimes.

INSCRIPTION

בעלי תריסין שאלו לחכמה
איה אביר רועים וגבור כארי
על כל גדותיו בבקיאות מלא
זכה והרבה תלמידים העמיד
דיין אמת היה והוא השליט
לולו כיומו עומדים עליו כל
בגאון בקיאותו לאור משפטם
להקת עדתו הנהיגה בקול
נשא לעול צבור וטרח בעדם
חולי פנימי בקרביו התמד

בבכי לבבות שומעים קורע
בחכמה רב מעיין נובע
ראש המדברים הוא ואיש מכריע
מחבבם לא זז כאח וכריע
ובדין מרומם מבחן קובע
איש ריב ומדון מלוה תובע
יוציא וכוחות חמסן מפקיע
חכמה ומוסר יום ליום יביע
עד הוכשל כוחו כמו בוקע
רוקו משונה הוא בכוח גיע

(1) Vendredi.
(2) Préface de *Kol Jehuda*.

דרך פעמיו שם כפר לבלידא   למצוא רפואה וצרי מושיע
שתה לחלב עז כאבו נעכר   שם נאסף הובא שאול הגיע
יו בשבט תקנד בערב שבת   נער וזקן דמעה הדמיע
נפש אדוני בצרור החיים   נכנס לתוך הגן ולן שבע

TRADUCTION

Porteurs de bouclier (1), demandez à la sagesse
Avec des cris qui déchirent le cœur des auditeurs :
« Où est le chef des pasteurs, le héros fort comme un lion,
« Puissant par la science, la source jaillissante,
« Remplie d'érudition jusqu'au bord? »
Il fut le premier des orateurs, l'homme prépondérant.
Il eut le bonheur de former des disciples nombreux,
Qu'il ne cessa d'aimer comme un frère et un ami.
Il fut juge véridique. Il était le gouvernant,
Et dans les cas difficiles, il fixait la règle.
La nuit comme le jour, il était entouré
De plaideurs redemandant leur prêt.
Par l'étendue de son savoir, il tirait au clair
Leurs procès et bridait la force de leur violence.
La foule de sa communauté, il la conduisait à la voix ;
Chaque jour, il lui enseignait la science et la morale.
Il porta le joug de l'assemblée et se dévoua pour elle,
Jusqu'à ce que sa vigueur trébuchât comme celle d'un bûcheron.
Un mal intérieur s'invétéra dans son corps,
Sa salive changea par suite de la toux.
Il se dirigea vers la petite ville de Blida,
Afin d'y trouver un remède, un baume sauveur.
Il but du lait de chèvre. Son mal empira.
C'est là qu'il fut recueilli, porté au schéol (2) qu'il atteignit.
Le 16 chebat 554, la veille de sabbat,
Jeunes et vieux répandirent des larmes.
L'âme de notre maître est dans le faisceau de vie :
Il est entré dans l'Eden et y séjourne, rassasié.

Joseph Azubib, fils de Nehoraï (3), devint de bonne heure assesseur au tribunal rabbinique de son père, avec lequel il signa l'approbation du *Maté Jehuda* (1783) et celle du *Zéra Jacob* (1784). Il lui succéda dans les fonctions de rab, qu'il résigna, on ne sait pourquoi, vers 1790, mais qu'il

(1) Métaphore talmudique = rabbins.
(2) Dénomination biblique du sépulcre, de l'autre vie.
(3) Voir ce nom plus haut.

reprit quelque temps après. Dans l'intervalle il fit un voyage à Livourne où il publia son livre intitulé *Yamim Ahadim*. Ayant perdu sa femme, ainsi que plusieurs enfants, il se remaria en 1791 avec Rachel Tubiana (1). Atteint d'une maladie chronique, il mourut six mois après, à Blida, où il était allé se faire soigner (17 janvier 1794). Il avait un frère, également rabbin et nommé Sadia, qui mourut célibataire à Jérusalem (2).

Le *Yamim Ahadim* (ימים אחדים, Quelques Jours), imprimé en 1790 au moyen d'une souscription et dédié à Moïse Aboucaya, est un recueil d'homélies pour toutes les fêtes de l'année. Il se distingue par des vues originales et par la clarté du style. Le rabbin Jacob Ibn Naïm, qui rencontra Azubib à Livourne, au moment où il se disposait lui-même à partir pour la Terre-Sainte, et le célèbre Azulaï, auteur du *Chem Haguedolim*, écrivirent des préfaces pour cet ouvrage.

Joseph Azubib collabora aussi, avec Joseph Bouchara, au *Berit Abraham*, d'Abraham Bouchara, dont il était l'oncle maternel (3).

---

38. — B.

MARDOCHÉE NARBONI

1794

Bloc de marbre en dos d'âne, long de 1m12, large de 0m46, haut de 0m48. Sur les bas-côtés, qualification, noms et titre, avec une couronne et des arabesques grossièrement sculptés. Les côtés latéraux 3 et 4, portent chacun dix lignes en creux. La dernière ligne du côté 4 est illisible. L'épitaphe comprend huit strophes de quatre vers monorimes chacune.

(1) Registre des Ketubot (1er élul 5551).
(2) *Berit Abraham*, page 182.
(3) Préface de cet ouvrage, par Abraham Tubiana.

INSCRIPTION

אלה אזכור גם אשפוך נפשי   והמה לבי לא אוכל אחשה
יום מות חכם מה מר מה קשה   נבון ותיק גדול במעשה
פועל צדק עושה ומעשה   יגון בלבבי עוד לא אנשה
כן גזר צורי מרים ראשי   גוזר ומקיים אומר ועושה
קיים אל מצות בוראו עושו   מסר נשמתו רוחו נפשו
על יחוד שם האל וקדושו   צניף זהב טהור על ראשו
צדק בשופר   לשון המדבר אמרי שפר
איכה לוחכת את העפר   אך תיטב לאל משור פר
יום חושך זדים הרהיבוני   מים הזדונים השקוני
עת מות ה"ר מרדכי בית נרבוני   נאלמתי אין מלה בלשוני
כל איש ישראל העם מקצה   בוכים על עת יארובו חצי
מות עלמות עד צואר יחצה   אשה ריח קרבן ירצה
תמוז בשנת תק"נד בא עתו   י"ו בו לא נאמר טוב בהריגתו
במחיצת צדיקים משכורתו   בצרור חיים תהיה נשמתו
קנא נוקם חיש לנו גואל   רחם על עם אומרים אין כאל

TRADUCTION

Voici les choses sur lesquelles je répands mon âme en m'en souvenant;
Mon cœur s'émeut, je ne puis me taire.
Le jour du trépas de ce rabbin, qu'il fut amer et dur !
Il était intelligent, distingué, grand dans l'action,
Exerçant la charité, agissant et faisant agir.
Le chagrin est dans mon cœur, je ne l'oublierai pas.
Ainsi l'a décrété mon Rocher, celui qui relève ma tête,
Qui décide et qui exécute, qui dit et qui fait.
Il remplit le précepte de son Auteur, de son Créateur :
Il sacrifia son souffle et sa vie
Pour l'unité du nom de Dieu, pour sa sanctification.
Un diadème d'or pur est sur sa tête.
La piété en lui ornait la beauté (1).
La langue qui prononçait des paroles éloquentes,
Comment lèche-t-elle la poussière ?
Mais elle est plus agréable à Dieu qu'un taureau de sacrifice.
En un jour de ténèbres, des pervers m'ont effrayé,
Ils m'ont fait boire des eaux de méchanceté.
Lorsque périt R. Mardochée Narboni,
Je restai muet sans une parole sur mes lèvres.

(1) Jeu de mots intraduisible, basé sur l'analogie de prononciation qui existe entre les mots סדק, fente, et צדק, piété, et les mots שופר, schofar, et שפר ou שופרא, qui veut dire beauté en araméen. Un schofar dans lequel se trouve une fente est impropre au service du culte.

Tout homme en Israël, le peuple de toute part
Pleure sur l'heure où les flèches de mort
Guettèrent, où les ombres de la mort arrivèrent jusqu'à la moitié du cou.
Offrande de bonne odeur, sacrifice agréable!
En tammuz 554 son temps arriva :
Le 16 de ce mois nous déplorions son meurtre.
Sa récompense lui est assurée dans le séjour des justes ;
Son âme sera dans le faisceau de vie.
Vengeur jaloux, envoie-nous bientôt le sauveur;
Aie pitié du peuple qui dit : Il n'y a pas de dieu comme Dieu.

Le rabbin Mardochée Narboni écrivit une préface pour le *Kol Jehuda*, dont il révisa le texte. L'éditeur de cet ouvrage, Joseph Ayache, avait épousé sa sœur.

Il mourut martyr de la foi. On raconte que, voisin d'un musulman, il se plaisait à discuter religion avec lui et à le mettre dans l'embarras par son argumentation victorieuse. Humilié et irrité, son fanatique interlocuteur apposta des témoins cachés et, dans la vivacité de la discussion, il ne lui fut pas difficile d'arracher à l'ingénu rabbin des paroles injurieuses contre la croyance mahométane. Aussitôt le malheureux fut saisi et traîné devant le cadi, qui le condamna à être brûlé vif. Cependant on lui offrit sa grâce s'il consentait à apostasier. Il refusa et fut exécuté. Son supplice eut lieu le 14 juillet 1794.

---

39. — B.

MENDJOUDA DURAN

1794

Bloc de marbre en dos d'âne, long de $1^{m}12$, large de $0^{m}54$, haut de $0^{m}48$. Les bas-côtés sont ornés d'arabesques; sur l'un d'eux, il y a le sigle funéraire. Les grands côtés latéraux ont chacun cinq lignes d'écriture. L'inscription est en creux, l'ornementation en relief. L'épitaphe indique simplement les noms et qualifications de la défunte, ainsi que la date de son décès.

Mendjouda, épouse de Juda Duran, un des notables de la

communauté, mourut de la peste le 21 ab 554 (= 17 août 1794). Son mari, qui est nommé dans les préfaces du *Zéra Jacob* et du *Yahin Ouboaz*, à l'impression desquels il contribua, est le père du célèbre David Duran, chef de la nation israélite, décapité en 1811. Il fut un des riches négociants d'Alger (1).

---

40. — C.

SAMUEL BIBAS

1796

Bloc de marbre en dos d'âne, long de $1^{m}08$, large de $0^{m}38$, haut de $0^{m}50$. Sur l'un des bas-côtés, la qualification rabbinique, surmontée d'une couronne. Sur chacun des deux grands côtés latéraux huit lignes, plus deux mots en haut d'un côté. La dernière ligne du côté opposé est illisible. L'inscription, sculptée en creux, forme huit strophes de quatre vers monorimes chacune.

INSCRIPTION

כתר תורה

עין במר תבכה   על כפים אכה   לבי נשבר נדכה   על מות זוכה ומזכה
צדיק באמונתו   חסיד בחסידותו   קדוש בקדושתו   משכים בתפלתו
שלם בשלמותו   זריז בעבודתו   תורה אומנותו   שקוד על משמרתו
מקרא משנה מדרש   תלמוד כי לו פורש   פר"דס חכם חרש   למד שנה פירש
שנים קדמוניות   כל ימיו תעניות   גם לומד בעניות   על פה המשניות
שמש סהר קוגנו   אבלו אפלו אנו   סיון בשנת תקנו   בו מדעת קונו
שם משמואל קדש   ביבאס כתת הדש   בעשירו לחדש   נקטף כעלות גדיש
עם אלים אראלים   הם נשמתו מעלים   . . . .

TRADUCTION

Couronne de la Loi

Mon œil verse des larmes amères, — je frappe mes mains l'une contre l'autre, — mon cœur est brisé, endolori — par la mort d'un homme qui faisait et provoquait le bien, — juste dans sa croyance, — pieux dans sa piété, — saint dans sa sainteté, — matinal à la prière, — parfait dans sa

(1) *Livre d'or*, page 65 sqq.

perfection, — zélé dans son service, — faisant de la Thora son occupation, — appliqué dans ses fonctions. — Bible, Mischna, Midrasch, — Talmud lui étaient familiers. — Savant perspicace dans le Pardès, — il l'apprit, le repassa, le commenta. — Aux années d'autrefois — il jeûnait tous les jours. — Quoique pauvre, il apprit — la Mischna par cœur. — Soleil, lune, pleurez, — prenez le deuil, — soyez ternes et tristes. — En sivan de l'an 556, — par la volonté de son créateur, — le nom fut arraché — au saint Samuel Bibas (1). — Le 10 du mois — comme une gerbe que l'on soulève, — il fut transporté vers les anges. — Ils ont fait monter son âme.

Savant et ascète, Samuel Bibas devait descendre d'une famille de martyrs, car l'épitaphe lui donne le titre de saint : קדוש. Abraham Bouchara, rapportant dans son *Berit Abraham*, page 129 b, une correspondance qu'il échangea avec lui sur un sujet religieux, l'appelle également glorieux de sainteté : נהדר בקדש. Il mourut le 16 juin 1796.

Son nom figure sur le nécrologe de la synagogue *Ibn Tawa* pour minha de samedi.

Son nom patronymique Bibas, qui est correctement Vivas, répond au français Vivant et à l'hébreu חי ou חיים.

---

41. — B.

ARON COHEN JONATHAN

1796

Bloc de marbre en dos d'âne surmonté d'une fleur. Longueur $1^{m}24$, largeur $0^{m}42$, hauteur $0^{m}42$. Les quatre côtés sont couverts d'inscriptions. Sur les bas-côtés se voient les noms et titres, les qualifications de rabbin et de cohen, plus deux mains étendues, emblème du cohen. Cette partie est sculptée en relief. Les deux côtés latéraux ont respectivement neuf et dix lignes en creux. L'épitaphe comprend douze distiques monorimes.

(1) Il y a ici un jeu de mots intraduisible. La Mischna défend d'écrire un mot complet le samedi. On est déjà coupable lorsque, ayant voulu écrire un mot de plusieurs lettres, on n'en a tracé que deux et que celles-ci forment par elles-mêmes un mot complet. Si quelqu'un veut écrire le nom de שמואל, Samuel, et qu'il écrit seulement le commencement du mot שם, Sem, il y a péché, car שם est un nom complet (*Mischna*, *Sabbat*, XII, 3). C'est sur les termes de cette Mischna que roule le jeu de mots.

INSCRIPTION

... ואשתומם במראה אחזה   איך חלפו סדרי בראשיתנו
יום קדרו שמש וירח וגם   כל כוכבי מרום ויפעתנו
התפוררה ארץ לקול רעם עדי   ערו יסודותיה וחומותינו
על מות נבון לחש ירא האל ואיש   ישר חכם לבב בתורתנו
דיין מצוין הוא ואיש שלם   בכל חכמה וכל מדע בבינתנו
עליו אקונן ואייליל הה ואוי   אקרח כנשר ראש בקרחתינו
יום נאסף נכסף וסף עניו וטוב   נסחף ונדחף תוך קבורתנו
רב אהרן כהן לאל עליון יאו —   נתן שנת תק״נו לחשבוננו
אבכה בכי יעזר עלי מותו בלי   בנים ולא שם לו בחוצותינו
מעשיו וצדקותיו מקום זרע ולו   שם בגדולים- ברחובותינו
יום החמשי כ״ד לסיון נגוע   יקום ויחיה בתחיתנו
נפשו נכונה תהיה מעל לכנ —   פי השכינה עם בחיר דתנו

TRADUCTION

..... Et je contemple avec stupeur le spectacle que je vois,
Comment l'ordre de la création fut bouleversé,
Le jour où le soleil et la lune s'obscurcirent,
Ainsi que les étoiles du ciel et notre splendeur,
Le jour où la terre s'entr'ouvrit au bruit du tonnerre,
Et que ses fondations et nos murailles s'écroulèrent,
A cause de la mort d'un orateur habile, craignant Dieu,
D'un homme juste et savant dans notre Loi,
D'un juge distingué, passé maître dans toutes nos sciences.
Sur lui je pleure et je gémis. Hélas ! hélas !
Comme l'aigle chauve, j'ai rasé ma tête à notre manière
Le jour où cet homme modeste et bon fut ravi, réuni à son peuple,
Le jour où fut traîné, poussé dans nos sépultures
Le rab Aron Cohen Jonathan,
En l'an 556 de notre comput.
Je pleure comme on pleura sur Jahzer, car il est mort
Sans laisser d'enfants pour perpétuer son nom parmi nous.
Ses œuvres et ses vertus lui tiendront lieu de postérité,
Et il a un nom parmi les grands de notre cité.
Le jeudi 24 sivan il fut frappé.
Il se lèvera et ressuscitera avec nos ressuscités.
Son âme planera sur les ailes de la Divinité avec l'élu de notre Loi (1).

Aron Cohen Jonathan fit partie du tribunal rabbinique de Nehoraï et de Joseph Azubib. Il signa avec eux les préfaces du *Maté Jehuda*, du *Kol Jehuda* et du *Zéra Jacob*. Il mourut sans postérité le 30 juin 1796.

(1) Moïse.

42. — C.

ABRAHAM BOUCHARA

1801

Bloc de marbre en dos d'âne long de 1m28, large de 0m41 et haut de 0m43. Les quatre côtés sont couverts d'inscriptions. Sur les deux bas-côtés se lisent les noms et titres du défunt, ainsi que le sigle funéraire et la date de son décès. Il y a de plus une fleur sur l'un d'eux. Les deux côtés latéraux ont chacun sept lignes en creux. L'épitaphe comprend dix-huit vers, dont huit sont monorimes. Les dix autres forment cinq distiques également monorimes.

INSCRIPTION

אבכה בכי יעזר ברוב קינים   על מות גביר נגיד ברוב אונים
זכה תפלתו בתחנונים   עולה ובוקעת בהעננים
גומל חסדים הוא לאביונים   מעשיו זכות הם לו ברענגים
נדיב ונכבד הוא בעניגים   עומד בפרץ הוא להאמונים
נדכה ביסורין ממרקין גוף   ויצא לחירות בם סליחתו
של אהבה הן בתוספת   שכר זכות הוא לו לטובתו
בקי במקרא הוא בטוב טעם   בפשט וגם בדרש ידיעתו
תוך גן היא מחיצתו   ותהי שלמה לו משכורתו
יושב בסתר אל מנוחתו   תחת כבוד יוצר יחידתו

TRADUCTION

Je pleure comme sur Jahzer, avec force complaintes, — sur la mort d'un grand, d'un chef puissant. — Sa prière ardente et pure — s'élevait et perçait les nues. — Il était charitable envers les pauvres. — Ses œuvres lui ser[illegible] comptées au ciel. — Il fut généreux et honoré en toutes choses, — montait sur la brèche pour le peuple fidèle. — Il fut affligé par les souffrances, qui dissolvent le corps — et lui rendent la liberté (1) : elles lui vaudront le pardon. — Dieu les lui envoya par amour, pour augmenter — sa récompense (2); elles lui constitueront un mérite et seront pour son

(1) Allusion à un passage du Talmud (Bérakot 5a), où il est dit que de même que l'esclave devient libre, lorsque son maître lui fait une blessure, de même les souffrances assurent à l'homme son affranchissement moral en effaçant ses péchés.

(2) Opinion du Talmud (même passage) relativement aux épreuves imméritées, qui accablent quelquefois le juste.

bien. — Il était expert dans l'Ecriture, avec rectitude de jugement : — il comprenait le sens naturel et le sens homilétique. — Son séjour sera dans le jardin d'Eden, — et sa récompense sera complète. — Il s'abritera à l'ombre de Dieu, où il reposera, — et son âme séjournera au-dessous de la gloire du Créateur.

Abraham Bouchara, fils de Raphaël Jacob, fut un des plus grands négociants d'Alger. Son nom est fréquemment mentionné dans le *Livre d'or*. En 1768, il hérita de son père les fonctions de chef de la nation israélite. Il les perdit le 3 février 1800, pour avoir voulu répudier sa femme qui était vieille et épouser une jeune fille (1). Le dey le destitua et nomma à sa place Neftali Busnach, qui ne fut peut-être pas étranger à sa disgrâce. C'est vers cette époque que commencèrent les rivalités de famille et les intrigues de palais qui ensanglantèrent longtemps la communauté d'Alger. Abraham Bouchara fut jusqu'à sa mort consul de Raguse.

En 1783, il eut un grave démêlé avec la communauté. Pour le compte de celle-ci et de concert avec un autre notable, Jona Tabet, il avait pris en location du dey une maison avec un bain maure, située rue Bosa. On avait espéré que cet établissement, placé au centre du quartier juif, obtiendrait un grand succès et ferait une concurrence heureuse à un autre bain, également réservé aux israélites, édifié près de la porte Bab-el-Oued et auquel on ne pouvait accéder qu'en passant devant la caserne des janissaires. Mais la réalité ne répondit pas à ces sages prévisions. L'entreprise, au point de vue pécuniaire, fut désastreuse. Aussi la communauté voulut-elle la laisser au compte de ses deux mandataires. Un accord intervenu en 1787 ne fut pas respecté. Pour trancher le litige, qui durait encore après la mort d'Abraham Bouchara, il fallut une décision juridique, rédigée par R. Jacob Ibn Naïm et contresignée par R. Ichoua Sidoun, ainsi que par le célèbre Azulaï. Elle fut rendue en décembre 1801, et fut entièrement en faveur des héritiers Bouchara et Tabet (2).

(1) Archives du Consulat général d'Espagne, à Alger. Nous remercions vivement M. le marquis de Gonzalez, consul général, qui a bien voulu nous ouvrir cet intéressant dépôt. Les documents que nous y avons découverts nous ont été fort utiles pour la suite de ce travail.

(2) Décision imprimée, sans titre, ni lieu, ni date, 11 feuillets in-8°.

En même temps qu'au commerce, Abraham Bouchara se livra avec succès aux études talmudiques. Un de ses maîtres, avec lequel il travailla six ou sept ans, fut le rabbin Jacob Aboucaya. Un autre, R. Abraham Tubiana, lui enseigna la kabbale. Malgré ses nombreuses occupations, il trouva le temps de composer trois ouvrages, dont deux, restés inédits, sont probablement perdus ; ils étaient intitulés : *Bet Abraham* (בית אברהם, la Maison d'Abraham) et *Likuté Tenach* (ליקוטי תנ"ך, Mélanges sur la Bible) (1). Le troisième, qui a pour titre *Berit Abraham* (ברית אברהם, l'Alliance d'Abraham) et qui fut imprimé à Livourne en 1791, est un recueil d'homélies sans grande originalité et dans lequel il est fait abus de la kabbale et de ses combinaisons de lettres

Sur la fin de sa vie, Abraham Bouchara souffrit d'une longue et douloureuse maladie. Il mourut le 19 tébet 5561 (= 3 janvier 1801).

---

43. — D.

NEFTALI BUSNACH

1805

Bloc de marbre en dos d'âne long de 1m09, large de 0m50 et haut de 0m55. Les quatre côtés sont couverts d'inscriptions en creux. Sur les bas-côtés se lisent les noms et titres du défunt, des épithètes laudatives et le sigle funéraire. Les deux côtés latéraux ont respectivement sept et huit lignes. L'épitaphe, écrit en style assez incorrect, comprend neuf distiques monorimes.

INSCRIPTION

ריעי מליצי אל אלוה   דלפה עיני וכליותי באש נשרפו
איך אוכלה לראות נגיד ושר   ביד חרדרת מקרי הזמן יספו
אחר אשר ינום בסתר אהלו   יכם בחום רשפו ויתעלפו
וכוס מר השקהו ומצצו   ובגחלי אש כואו ושרפו
הה לפנינים בין אבנים שוכנים   אוידה לספירים לגוש נדחפו

(1) *Bérit Abraham*, préface et page 147.

הה לנדיבים לקברות יובלים   אוידה לרחמנים בעפר חפו
הוא נפתלי בשמו נקרא   צדק וחסד מנהו נשקפו
לבית בוגנאח חניכתו נודעת   מבחר בני ציון אשר יפיפו
שנת תקס"ה לפ"ק באחד בתמוז   ישב בסוד ברים בסוכת אל חפו

TRADUCTION

O mes amis, mes intercesseurs auprès de Dieu,
Mes yeux ruissellent et mes reins sont brûlés par le feu.
Comment pourrai-je voir un prince, un seigneur,
Finir dans l'épouvante des vicissitudes du temps?
Après qu'il a sommeillé dans le secret de sa tente,
Le sort le frappe de sa flamme ardente, et il périt.
Il lui fait boire jusqu'à la lie la coupe amère,
Et avec des charbons incandescents il le blesse et le brûle.
Ah! les perles sont confondues parmi les pierres!
Hélas! les saphirs sont écrasés sur le sol!
Ah! les généreux sont portés au tombeau!
Hélas! les compatissants sont couchés dans la poussière!
Je veux dire celui dont le nom fut Neftali.
La justice et la charité éclataient en lui.
Il appartenait à la famille Busnach,
Le meilleur parmi les fils distingués de Sion.
En l'an 565 du petit comput, le 1er tammuz,
Il prit place parmi les purs qui s'abritent sous le pavillon de l'Eternel.

Neftali Busnach, riche négociant, joua un rôle politique des plus considérables dans la régence d'Alger. Au commencement de sa carrière, il s'adonna uniquement au commerce, d'abord seul, ensuite comme associé de son oncle et beau-frère, Joseph Coen Bacri. Le 12 juin 1787, le consul d'Espagne attesta que la maison Neftali Busnach n'avait rien de commun avec celle connue sous le nom de Salomon Coen Bacri et frères; mais dès le 15 février 1798 les opérations qu'il entreprend sont au compte de la maison Bacri frères et Busnach.

Jusqu'en novembre 1795, il habitait principalement Constantine, dont le bey était son ami; il avait un grand comptoir à Bône, où il faisait l'exportation du blé.

Le 3 février 1800, il succéda à Abraham Bouchara comme chef de la nation israélite, poste auquel l'usage avait attaché ceux de censal du dey et de consul général de Raguse. Cependant il n'obtint cette dernière fonction qu'à la mort du titulaire, qui arriva, comme nous l'avons vu, le 3 janvier 1801. A partir de ce moment, Busnach parvint à acquérir auprès du dey Mustapha Pacha la même influence et le même crédit exercés environ cent ans auparavant par Isaac Soliman, décédé en 1724, et plus connu sous le sobriquet de Saquete (1). Son rôle a été diversement apprécié. D'après les documents juifs, d'accord avec la tradition locale, il fut modeste, instruit, pieux, charitable, usant de sa puissance pour secourir les pauvres et les opprimés (2). Les rapports des consuls européens sont, au contraire, très sévères pour lui. Ils le représentent comme un homme astucieux, dévoré d'ambition, cupide et cruel, sans pudeur dans ses maximes et sans scrupules dans ses actions. Ils lui attribuent la désorganisation croissante du gouvernement de la Régence, ainsi que l'appauvrissement des provinces, que les beys accablaient d'impôts pour satisfaire sa rapacité.

La vérité est probablement, comme toujours, entre les deux. Busnach encourut l'animosité des mécontents, parce qu'il les gêna en servant fidèlement son maître. Il déplut aux consuls, parce que sa fine diplomatie contrecarrait la leur. Il devint odieux aux musulmans fanatiques, parce que ceux-ci ne supportaient qu'avec impatience la prépondérance ouverte ou occulte d'un juif.

Cette prépondérance fut réelle et sans bornes. Busnach fut le favori du dey et son conseiller officieux. En rapports directs avec les représentants des diverses nations européennes, il était l'intermédiaire précieux, indispensable, chaque fois que l'on voulait traiter avec le prince algérien, qu'il dominait par sa profonde connaissance des affaires et par les ressources inépuisables de son esprit souple et fécond. Il conjura une guerre imminente entre l'Angleterre et la Régence, et le 1er septembre 1800 il fit saluer avec grands honneurs la frégate qui amenait le consul anglais, M. Falcon. Le 14 juin 1801, il reçut au nom du dey les consuls de

(1) Laugier de Tassy, *Histoire du royaume d'Alger*, Amsterdam, 1725, page 296. Saquete est un diminutif espagnol d'Isaac.

(2) *Séfer Hésed léoumins* (ספר חסד לאומים, le Livre de l'Amitié des Nations), pamphlet sans lieu ni date. A la dernière page ont signés Elie Cohen Solal, Baruch Tubiana, Abraham de Salomon Mesguiche et Sadia Kadjidj.

Hollande, de Danemark et de Suède, au moment où ils apportèrent leur cadeau usuel. Après avoir négocié la paix entre le Divan et la République française, il présenta au dey, le 17 décembre 1801, le nouveau consul de cette puissance, le citoyen Dubois-Thainville. Le 28 août 1803, il reçut à son débarquement l'envoyé portugais, Lazaro Josef de Brito, chargé de traiter de la paix, et il dirigea depuis le commencement jusqu'à la fin les négociations qui, d'ailleurs, échouèrent par suite des exigences immodérées de la Régence. Le Portugal ne parvint à signer un traité de paix définitif, à des conditions onéreuses, qu'en 1812. La puissance de Busnach était tellement reconnue qu'un chaouch de Constantinople, arrivé le 11 janvier 1804 avec une mission importante, tint à avoir une entrevue avec lui avant même de se présenter devant le dey, et que le consul d'Espagne, en rendant compte d'une autre affaire analogue, l'appela tout simplement le vice-roi d'Alger.

Quoique jalousé par les représentants des nations européennes, qui lui prêtaient volontiers les plus noirs desseins, le tout-puissant favori ne leur marchandait jamais ses services. L'histoire a enregistré celui que la maison Bacri et Busnach rendit à la République Française en envoyant des cargaisons considérables de blé dans les ports du Midi, de 1793 à 1798, et en préservant ainsi les départements riverains de la Méditerranée d'une disette désastreuse. Ce qu'on sait moins bien, c'est que la même maison envoya également des provisions et des munitions de guerre au corps expéditionnaire français resté en Egypte, sous le commandement du général Menou, et que l'amiral anglais, Keit, informé de ce fait par des correspondances interceptées, fit demander par la Porte l'expulsion de ces Juifs et de leurs pareils, assez audacieux pour aimer et secourir les Français (8 juin 1801). Plusieurs années auparavant, en 1798, lors de la rupture entre la France et la Régence, tous les Français ayant été arrêtés et mis au bagne, y compris le consul et ses employés, ils eurent fort à se louer de Bacri et de Busnach, qui employèrent leur crédit pour faire adoucir leur sort, préserver leurs biens et obtenir enfin leur liberté. Plus tard, le vekilardji ou ministre de la marine de la Régence, s'étant déclaré ennemi des Espagnols, le consul de cette puissance dut songer à l'apaiser, et pour atteindre ce but, il eut recours aux bons offices de Busnach. Celui-ci manœuvra si bien que le vekilardji fit les premiers pas, manda le consul à son palais, se réconcilia avec lui en présence de Busnach et l'assura de ses bonnes dispositions pour l'avenir (27 décembre 1803).

Somme toute, comme on le voit, Neftali Busnach n'était pas l'ambitieux sans scrupules et le tyran impitoyable dépeints par quelques historiens superficiels. Associé avec le dey pour le commerce des céréales, dont ce dernier lui avait concédé le monopole, il s'enrichit honnêtement par des opérations intelligentes et heureuses. Honoré de la confiance de son maître, il la justifia par son habileté et par son dévouement. S'il commit des fautes, ce furent celle de suivre son souverain dans la voie d'arbitraire administratif où il entra, et celle aussi de dédaigner trop légèrement la jalousie des grands et les préventions des masses. De là vinrent ses malheurs.

Le parti des mécontents était nombreux. Le 18 septembre 1801, un premier attentat fut dirigé contre le dey et ses ministres. Huit hommes de la milice pénétrèrent dans le palais pendant qu'il était à la mosquée et promirent une prime de 1.000 sequins pour la tête de Mustapha Pacha, du khasnadji et de Busnach. La tentative avorta. Les auteurs en furent massacrés.

Une nouvelle conspiration s'ourdit. Le vendredi 27 janvier 1804, dans l'après-midi, Busnach était assis à la porte du représentant du bey de Constantine, dans la Grande Rue, lorsqu'un Turc de la milice s'approcha de lui et le frappa de son yatagan. Heureusement, le coup fut mal dirigé. Il ne lui fit qu'une blessure à la main. L'assassin put s'échapper, et il demeura impuni, car, le lendemain, un groupe de ses camarades le conduisit dans un marabout qui jouissait du droit d'asile et dont il sortit sans être inquiété au bout de quarante jours de retraite. Ainsi le voulait la loi barbare du pays quand il s'agissait du meurtre d'un juif, de même qu'elle défendait d'arrêter un coupable turc avant que vingt-quatre heures fussent écoulées depuis la perpétration du crime.

Le lendemain de cet attentat, le samedi 28 janvier, au matin, un autre Turc, armé jusqu'aux dents, pénétra dans la maison de Busnach avec le dessein d'achever l'œuvre de mort commencé la veille. Mais il fut saisi par le peloton de la milice que le dey avait commis à la garde de son favori, et condamné sur le champ à recevoir la bastonnade.

Quelques jours après, le Divan, pour prévenir le retour de pareils faits, défendit aux soldats de sortir des casernes en armes. Tout contrevenant devait être puni de mille coups de bâton sur la plante des pieds.

Cette mesure et d'autres analogues n'empêchèrent pas la fermentation d'aller en croissant. Des personnes de marque entrèrent dans le complot, qui s'était recruté d'abord dans les bas rangs de la milice. Le 28 mai, à midi, un Turc apparenté avec les pachas et les principaux cadis porta plusieurs coups de yatagan au khasnadji, ou grand trésorier, dans le palais même du dey. Il fut massacré par les gardes.

L'effervescence fut portée à son comble lorsqu'on apprit l'insurrection d'un marabout marocain qui souleva la province de Constantine et qui défit les Turcs. Alors les conjurés crurent le moment favorable pour porter la main sur le souverain lui-même. Le 17 mars 1805, Mustapha Pacha fut attaqué et dangereusement blessé par quatre Turcs, en dehors de la ville, alors que, selon son habitude, il inspectait les travaux entrepris par son ordre pour la défense d'Alger. Il fut laissé pour mort sur la place, mais au bout de peu de jours, ses blessures, au nombre de quatorze, furent guéries. Il resta mutilé : il avait perdu la main gauche et deux doigts de la main droite.

Ni le dey, ni Busnach ne furent intimidés par ces attentats répétés ; mais la fortune les trahit. Au mois de mai, une deuxième insurrection éclata dans l'Ouest ; le 2 juin, le bey de Mascara fut battu, et les rebelles s'emparèrent de toute la province d'Oran, moins cette ville. Alors l'audace des conspirateurs, excitée par le mécontentement général, ne connut plus de bornes, et ils résolurent de renouveler leur tentative contre Busnach, responsable à leurs yeux de tous les malheurs du pays. Ils furent devancés par un vulgaire assassin.

Le vendredi 28 juin 1805, à sept heures du matin, Busnach fut attaqué, près du palais du dey, dans le bureau de son ami, le représentant du bey de Constantine, par un janissaire levantin, nommé Yahia, qui déchargea sur lui son pistolet en s'écriant : « Salut au gouverneur d'Alger! » Quelques jours auparavant il avait refusé à cet homme un emploi dont il ne pouvait pas disposer. Désigné aux coups d'une conjuration politique, il tomba victime d'une basse vengeance personnelle. Blessé mortellement par une balle, qui, entrant par le côté, pénétra jusqu'au bas-ventre, l'infortuné Neftali fut transporté chez lui, où il expira à midi et demi.

Peu d'heures après et vu l'approche du samedi, on procéda à l'enterrement. Le convoi funèbre ne fut suivi que par huit personnes, et quoique le bruit eût couru que la milice voulait profaner et brûler le cadavre, tout se passa tranquillement.

Quant à l'assassin, il se retira, son forfait accompli, dans la caserne Bab Azoun, à la porte de laquelle il reçut les félicitations de ses camarades et de la population. Chacun tint à baiser la main qui avait débarrasé le pays d'un tyran abominable. Son crime fut transformé en acte de dévouement et d'héroïsme. La milice le prit sous sa protection et menaça de sortir en armes d'Alger plutôt que de le laisser maltraiter. Voyant la tournure que prenait les évènements et craignant de plus grands malheurs, le khasnadji, un des plus chauds partisans de Busnach, crut nécessaire de dissimuler, et il décida le dey à envoyer au meurtrier son chapelet en signe de pardon. Une amnistie si facilement obtenue fit penser à plusieurs que le gouvernement n'était pas étranger à la mort de Busnach, et qu'il l'avait offert en victime expiatoire aux révoltés du dehors, qu'il espérait, moyennant ce sacrifice, apaiser et ramener à l'obéissance. Mais cette supposition est peu admissible, car le dey n'avait pas besoin d'un meurtre public pour se débarrasser d'un serviteur gênant.

Pour n'avoir plus à revenir sur ce sujet, disons tout de suite que l'assassin de Busnach se plaça sous la protection de l'Angleterre et que le consul de cette puissance l'envoya, le 19 juillet, avec un sauf-conduit à Oran. Sous le règne d'Ahmed ben Ali, successeur de Mustapha, il devint second vekilardji; mais ayant vu rentrer en faveur David Coen Bacri, et redoutant la juste vengeance de ce proche parent de sa victime, il demanda et obtint la permission de se retirer librement dans le Levant.

Les effets de l'impunité ne tardèrent pas longtemps à se produire. Le drame du 28 juin eut un lendemain plus effroyable. Le 29, à sept heures du matin, les janissaires, excités les uns par l'assassin lui-même, les autres par son exemple, la plupart par la cupidité, tous par leur haine aveugle contre les Israélites riches et puissants, se présentèrent au palais du dey et demandèrent à grands cris le pillage de toutes les maisons juives. Pris au dépourvu et rempli de crainte, le dey permit ce qu'il ne pouvait empêcher. Aussitôt les janissaires se répandirent à travers la ville, par petits pelotons, armés de sabres et de haches, et commencèrent leur œuvre de mort et de destruction. C'était un samedi, et les Juifs étaient réunis dans leurs maisons de prière. La synagogue Sarfati, qui existe encore aujourd'hui dans la rue Sainte, fut la première envahie. Quatorze personnes furent massacrées au moment d'en sortir; les rouleaux de la Loi y furent lacérés. Pareilles profanations furent commises dans les autres synagogues. Les émeutiers tuèrent tous les israélites qu'ils purent atteindre dans les rues, puis ils se portèrent dans les maisons et magasins de Busnach, qu'ils pillèrent, aidés des Biskris, des Kabyles et de la portion turbulente de la population maure. Les portes de presque toutes les habitations juives furent brisées, et le pillage devint général, aux cris de joie et d'encouragement des femmes répandues sur les terrasses. Le sac dura trois heures, au bout desquelles les chaouchs du dey apparurent avec le chapelet du maître pour indiquer, suivant l'usage, que c'était assez. Les massacreurs étaient si las de tuer et de voler, qu'ils se dispersèrent immédiatement, et le reste de la journée s'écoula sans trouble.

Cependant les principales victimes désignées avaient échappé à la colère de leurs ennemis. Les femmes de la maison de Busnach purent s'évader par une fenêtre basse et furent recueillies sur un vaisseau suédois ancré dans le port. Joseph Coen Bacri et son fils David, avec leurs familles, trouvèrent asile chez un Turc, fils de l'agha sortant de charge. L'habitation de Bensamon et celle des Bacri furent préservées du pillage, l'une par les soins du consul anglais dont son propriétaire était censal, l'autre grâce au consul d'Espagne, qui la fit garder par son drogman et par les chaouchs du khasnadji. Le dépit fut grand lorsqu'on s'aperçut que les plus coupables avaient réussi à se soustraire à toute vengeance, et que les plus indigents étaient ceux qui avaient le plus souffert. Aussi vit-on beaucoup parmi les pillards qui restituèrent une partie de ce qu'ils avaient enlevé.

L'autorité se hâta de faire disparaître les traces de ces scènes de désordre. Des esclaves chrétiens, commandés par des Turcs recherchèrent les cadavres, les traînèrent hors la porte Bab el Oued et les incinérèrent au cimetière israélite.

Les relations ne sont pas d'accord sur le chiffre des victimes. Les unes l'estiment à 500, les autres à 200. S'il faut s'en rapporter à une complainte en judéo-arabe, composée sur cette catastrophe par un contemporain anonyme et inédite jusqu'à ce jour, les morts, sans les blessés, furent au nombre de 42 (1).

La journée du 30 juin s'annonça bien. La plus grande tranquillité régna dans la ville. Les israélites ne furent pas inquiétés dans les retraites où ils se tenaient cachés, pleurant sur leurs pertes, livrés au désespoir, plongés dans le dénûment le plus absolu, n'ayant d'autre secours humain à attendre que la charité de ceux qui prendraient pitié d'eux, sans nul espoir prochain d'améliorer leur lamentable situation. Quoique tout danger ne fût pas encore écarté, le dey frappa un coup de vigueur que rien ne faisait présager en nommant chef de la nation, en remplacement de Busnach, un proche parent de celui-ci, Joseph Coen Bacri, qui avait fait preuve, la veille, d'un vrai courage en retournant dans son domicile au milieu de l'effervescence générale et en y passant toute la journée dans la seule compagnie du drogman d'Espagne.

(1) Voir la traduction de cette pièce à l'appendice.

L'impunité assurée aux scènes du 29 juin faillit bientôt en provoquer le retour. Le 2 octobre suivant, veille de Kippour, le bruit se répandit que les Turcs recommenceraient le pillage et les massacres. Ravivant le souvenir des plus tristes jours du Moyen-Age, les Israélites passèrent la nuit dans les synagogues, décidés à se défendre ou à mourir ensemble. Le jour suivant, malgré la solennité de la fête, ils sortirent des lieux de prière et cherchèrent des refuges plus sûrs dans les maisons des consuls et des maures amis. Ils ne furent point attaqués, mais il est certain que leurs appréhensions n'avaient pas été sans motif réel.

Il y eut encore des alertes semblables au mois de mai 1806 et au mois d'octobre 1807.

Reprenons maintenant le fil de notre récit. Afin de calmer la milice, le dey lui avait promis qu'il chasserait de la ville tous les Juifs, à l'exception des artisans dont la population peu industrieuse ne pouvait se passer. Il n'eut pas besoin de recourir à des mesures d'expulsion, car, dès les premiers jours après la catastrophe, de nombreuses familles israélites s'empressèrent de fuir ces rivages inhospitaliers. Le 1er juillet, cent personnes s'embarquèrent pour Tunis sur un bâtiment français. Le 10 du même mois, une pinque de Raguse conduisit à Livourne deux cents autres personnes, parmi lesquelles toute la famille de Neftali Busnach et une partie de celle de Bacri. Joseph Coen Bacri, son fils David, aussi impopulaire que Busnach, et Michel, frère de ce dernier, furent obligés de rester à Alger, par ordre du dey, afin de liquider leurs comptes avec la Régence. Michel parvint à s'échapper le 12 octobre sur un navire français, ce qui attira la colère du dey sur les Bacri, ses associés, sur le Français Auguste, secrétaire des Bacri, qui lui avait donné asile, et sur le consul de Hollande, accusé d'avoir favorisé sa fuite.

La Régence se portait créancière de la succession Neftali Busnach. Elle réclamait le payement de deux millions de francs pour diverses avances faites par le Trésor. Par exécution provisoire, elle confisqua tous les biens du défunt. Les vaisseaux qu'il avait à la mer furent saisis et vendus, au fur et à mesure qu'ils rentrèrent au port. Plusieurs furent achetés par David Duran. Une polacre, le *Jusepino,* de retour de

Constantinople avec une cargaison de blé de la mer Noire, fut acquise par le consul d'Espagne moyennant le prix de 1.400 douros. Cet agent diplomatique provoqua la confiscation irrégulière d'un autre bateau appartenant au patron génois Bollo et nolisée par Busnach. Son intervention intempestive donna naissance à un conflit avec le représentant de la France, conflit dont nous trouvons l'écho dans la lettre suivante (1) :

LETTRE DU MINISTRE DES AFFAIRES ÉTRANGÈRES DE FRANCE A L'AMBASSADEUR, A MADRID

Paris, 29 mars 1806.

Le Commissaire général de France, à Alger, me rend compte, M. l'Ambassadeur, d'une affaire très désagréable suscitée par la Régence au capitaine génois Bollo, affaire dans laquelle l'agent espagnol s'est conduit d'une manière peu louable.

Le capitaine Bollo avait été nolisé par les juifs Busnach et Bacri pour aller chercher des bleds dans la mer Noire. Un des articles de son contrat d'affrètement portait qu'à son retour il relâcherait dans un des ports des îles Baléares, où il attendrait les ordres de ses nolisateurs. Le capitaine Bollo mouilla à Mayorque. La Régence, en ayant été informée, fit appeler M. Ortiz, agent d'Espagne, pour l'engager à faire venir à Alger ce bâtiment qu'on regardait comme la propriété de Busnach et dont on voulait, à ce titre, s'emparer. M. Ortiz, sans consulter le commissaire général Dubois-Thainville, écrivit au gouverneur de Mayorque de donner à Bollo l'ordre de se rendre à Alger avec son chargement. Le capitaine répugnait à exécuter cet ordre, auquel il fut cependant obligé d'obéir. Arrivé à Alger le 17 brumaire, son bâtiment fut confisqué et l'on se disposait à le vendre lorsque M. Dubois-Thainville prouva que ce bâtiment, dont le dey précédent avait fait la cession à Busnach, avait été cédé par celui-ci à Bollo au prix de 5.500 piastres fortes. Il eut, néanmoins, encore quelque peine à en obtenir la restitution, ainsi que le payement des pacotilles et du nolis.

....

Signé : Ch.-Man. TALLEYRAND.

Pour copie conforme : le général BEURNONVILLE.

Dans l'intervalle, Mustapha Pacha avait péri sous les coups de la milice, au milieu d'un soulèvement qui éclata le 31 août 1805. Ahmed ben Ali, chef de la révolte, lui succéda. Nouveau dey, nouveaux ministres, nouveaux employés de

(1) Archives du consulat d'Espagne.

tout grade, qui étaient pauvres et qui se virent dans la nécessité de faire fortune rapide, sans autres revenus ni autres moyens que leurs intrigues. Ils eurent recours à l'expédient si connu en Afrique comme en Asie, celui de s'emparer des richesses des hommes qui avaient le tort d'en posséder. De ce nombre furent les Bacri. Tenus pour solidaires de leur ancien associé Neftali Busnach, ils furent invités, le 10 septembre, à payer non seulement les sommes que celui-ci devait au Trésor, mais encore quatre millions de francs à titre de rançon de leur vie. Sur leur refus, ils furent arrêtés et conduits à la prison du Mézouar (1), d'où l'on sortait rarement la tête sur les épaules. Et, de fait, sans l'intervention des consuls européens et d'autres grands personnages, ils auraient été sur le champ mis à mort. Ils restèrent en détention jusqu'au 20 septembre, avec deux de leurs amis, les frères Moïse et Juda Amar, tous chargés de chaînes, obligés le jour de travailler à la carrière et la nuit de coucher au bagne des esclaves. Le document juif déjà cité (2) raconte que David Duran, leur ennemi acharné, récemment nommé chef de la nation et censal du dey, ne fut pas étranger à leur disgrâce. Aidé par un autre notable, Joseph Tabet dit Ben Tibi, et par deux rabbins ses créatures, Amram Amar et Tzémach Duran, il régna sur la communauté par la terreur. Il avait juré la perte de la maison des Bacri, rivale de la sienne. Peu s'en fallut qu'il ne réussît.

Cependant les amis des prisonniers ne s'endormirent pas. Grâce à leurs démarches, le dey consentit à un arrangement. Les Bacri père et fils s'obligèrent à verser une somme de quatre millions, payable par termes bi-mensuels de cent mille francs. A ce prix, ils sauvèrent leurs têtes et celles de leurs compagnons de captivité. Ils sortirent de prison, mais furent internés provisoirement dans la maison de David Duran. Ce n'est qu'après le versement du premier terme de cent mille francs, le 28 octobre, qu'ils furent rendus à la liberté et rétablis dans leurs charges, Joseph dans celle de

(1) Officier chargé de la police de la ville, et spécialement des exécutions capitales.

(2) *Hésed léoumim*, page 3 sqq.

censal d'Espagne, David dans celle de censal de Suède et des Etats-Unis d'Amérique.

Mais tout n'était pas fini. Le troisième terme n'ayant pas été payé à l'échéance, David Bacri et Moïse Amar furent de nouveau jetés en prison (4 mai 1806). Les influences hostiles se remuèrent pour les anéantir : Duran ne fut pas le dernier à leur faire sentir sa haine. Ce fut alors une mêlée terrible d'intrigues, de menaces, de passions, d'intérêts, telle qu'un gouvernement de l'Orient, basé sur l'arbitraire et la violence, peut seul en offrir le désolant spectacle. Les Bacri, se prétendant à court d'argent, remportèrent une première victoire en décidant la Régence à récupérer le terme échu sur leurs débiteurs et en obtenant pour le reste un délai illimité. Ils en remportèrent bientôt une seconde plus significative. Sur leur instigation, la communauté israélite alla porter plainte au dey contre David Duran, qui fut révoqué de ses fonctions de chef de la nation et remplacé par son ami Ben Tibi (20 juillet 1806). Son étoile pâlissait. Celle des Bacri recommençait à briller. L'heure de leur triomphe définitif allait bientôt sonner. Quelques mois se passèrent encore en menées souterraines, où l'or ne fut pas épargné des deux côtés ; puis, tout d'un coup, par une nouvelle révolution de palais, David Coen Bacri, le parent, l'ami, le conseiller de Neftali Busnach, fut nommé chef de la nation (1er novembre 1806). La première conséquence de ce revirement fut qu'il ne fut plus question des quatre millions qu'il s'était engagé à payer dans un moment de persécution et dont le titre fut biffé du grand livre de la Régence (1).

Le nom de Neftali Busnach figure sur le nécrologe de la synagogue Sarfati pour minha de samedi.

(1) La plupart des détails de cette notice ont été puisés aux archives du consulat d'Espagne.

44. — C.

JACOB MORALI

1806

Bloc de marbre en forme de pyramide tronquée. Longueur à la base 1m06, au sommet 0m26; largeur à la base 0m39, au sommet 0m26; hauteur verticale 0m40. Le monument était couronné d'une feuille d'acanthe qui est brisée, mais dont il reste encore des vestiges. Les arêtes sont ornées de feuilles et de fleurs. Un filet en creux règne autour des deux côtés latéraux, qui ont respectivement une inscription de onze et de douze lignes. Sur les bas-côtés se lisent les noms et titres du défunt, ainsi que les qualifications usuelles. Les caractères, très petits, sont sculptés en creux. L'épitaphe forme un poème de vingt-deux distiques monorimes, de mesure irrégulière.

INSCRIPTION

אקרע סָגור לבי במכאובי   על פאר החכמים מרבי המשרה
חָכם שלם בכל מדה חמודה   ובמתי הזמן אין לו תמורה
במצוות יוצרו נפשו דבקה   ויום ולילה עוסק בתורה
רחב שכל כמו כלכל ודרדע   וקולע בחכמתו לשערה
הכי גדל שמו מאד בפרסום   בחכמת התורה היקרה
וישב על כסא ההוראה   להורות הולכי דרך ישרה
מהולל הוא בפי כל יודעיו   במדרת הענוה ההדורה
נדיב לבב ואיש ותרן ושוע   ולעני כף פרש לעזרה
שפל רוח וארך אף ולעד   בלי נהג בשום זעם ועברה
וגם עם אויביו הולך בלב טוב   ולא יקום ולא יטור נטירה
ואויב לו בכל רגע ייסר והוא   נושא עיניו לאל קדוש ונורא
עדי מורסא בלבו לו עלתה   ובה נחלה וגוע ביום עברה
נהי וקִינים אענה כיענים   כי נשבר מטה עזי מקל תפארה
אבכה בְכי מִיפעת ברוב שפעת   דמעת עין כי מות נפשו הערה
נטמן בחור עפר וסר מעיר   פנה הודה פנה זיוה והדרה
ורוחו עלתה אל אל למנה   ונפשו שולחה אליו תשורה
בן לאותו צדיק רב זרחיה   אשר הזמין בית דינו עת פטירה
לדין שמים וכשי למורא   סעו למנוחות רוחות בני חבורה
אל רואה הוא יראה בצדקו   יואל בניו למשענת ועזרה
ויעקב איש תם שמו ונודע   למרעלי חניכתו סדורה
בעשוים וארבע לחדש   אלול התקס"ו ליצירה
יחידתו צרורה בצרורות   ובעץ החיים היא קשורה

TRADUCTION

Dans mon affliction, je déchire l'enveloppe de mon cœur
Sur le plus distingué des rabbins qui exercent l'autorité,
Un rabbin parfait en toute belle qualité,
Sans égal parmi ses contemporains.
Aux préceptes de son créateur son âme était attachée,
Et jour et nuit il étudiait la Thora.
Il avait l'intelligence vaste comme Kalkel et Darda (1),
Et sa sagesse atteignait le but.
Son nom était notoirement grand
Dans la science de la Thora précieuse,
Et il s'assit sur le siège de la doctrine
Pour diriger ceux qui marchent dans le chemin droit.
La bouche de tous ceux qui l'approchaient
Louait sa modestie glorieuse.
Ayant les sentiments nobles, libéral et généreux,
Il tendait une main secourable aux pauvres;
Plein d'humilité et de longueur d'âme,
Il ne connut jamais l'irritation ou la colère.
Même avec ses ennemis il agissait avec bonté de cœur,
Sans rancune ni esprit de vengeance.
En toute occasion il exhortait au bien ses ennemis
En levant ses yeux vers le Dieu saint et redoutable,
Jusqu'au jour où un ulcère attaqua son cœur,
Maladie dont il mourut en un jour de malheur.
Je gémis et je me lamente comme un chat-huant,
Car brisé est l'appui de ma force, le bâton de ma gloire.
Je pleure, comme on a pleuré sur Méfaat (2), avec abondance
De larmes, car la mort a tranché sa vie.
Il est relégué sous la poussière, il est sorti de la ville,
Et avec lui sont sortis notre honneur, notre éclat, notre splendeur.
Son esprit est monté, comme une offrande, vers Dieu,
Et son âme lui a été envoyée en présent.
Il fut fils du juste, le rab Zerahia,
Qui convoqua son tribunal à l'heure suprême,
Pour être jugé en vue du ciel. Comme un don au maître redoutable,
Les âmes de ces deux collègues sont parties pour le repos.
Le Dieu clairvoyant verra sa justice,
Et il sera le secours et l'appui de ses enfants.
Il s'appelait Jacob, homme simple (3),
Et il appartenait à la famille Morali.

(1) Deux savants du règne de Salomon.

(2) Ville lévitique de la tribu de Ruben, sur la frontière de Moab, dont Jérémie (XLVIII, 21) prophétisa la destruction.

(3) Allusion au passage de *Genèse, XXV, 27* : Jacob était un homme simple.

Le vingt-quatrième jour du mois d'élul
De l'an 5566 de la création
Son âme fut enveloppée dans le faisceau
Et nouée à l'arbre de vie.

Jacob Morali, fils de Zerahia, fut rab d'Alger. Bien que valétudinaire depuis sa jeunesse, il s'occupa avec zèle de l'administration de la communauté et de l'instruction de ses nombreux disciples. La beauté de sa physionomie révélait la noblesse de son âme. Modeste, longanime, oublieux des injures, il n'hésitait pas devant le danger pour réprimander ses ennemis, qui étaient puissants. Riche et généreux, il ouvrait sa maison aux savants sans ressources et répandait ses bienfaits sur les pauvres (1).

Ce vénérable rabbin fut victime des querelles intestines de la Communauté. Après avoir vu jeter en prison son gendre, Moïse Lévy Valensi, il fut lui-même persécuté par le parti de Duran, révoqué de ses fonctions et menacé de mort. A deux reprises différentes, il fut obligé de se réfugier dans un marabout, lieu d'asile inviolable, la première fois avec son fils, la seconde en compagnie de ses deux gendres, Moïse Valensi et Elie Bedjaï. Son ami, Aron Lévy Valensi, père de son gendre, qui intercéda pour lui auprès du dey, fut condamné par ses ennemis à recevoir cinq cents coups de bâton. Sa bibliothèque fut confisquée et sa maison mise au pillage. De telles émotions ne pouvaient qu'aggraver son état maladif, et peu de temps après il mourut d'un polype au cœur (7 septembre 1806).

Son nom figure sur le nécrologe de la Grande Synagogue.

---

45. — D.

DAVID COHEN BACRI

1811

Bloc de marbre en dos d'âne surmonté d'une pomme sculptée. Longueur 1m22, largeur 0m40, hauteur 0m44. Les quatre côtés sont couverts d'inscriptions. Les bas-côtés por-

(1) Voir son éloge funèbre à la fin de *Hésed léoumim*, page 6 b.

tent les noms, titres et qualifications du défunt, plus la date de son décès et des formules funéraires. Sur l'un d'eux, il y a deux mains de cohen en relief. Les grands côtés latéraux ont respectivement huit et neuf lignes. L'épitaphe comprend treize distiques monorimes, elle est en grande partie imitée de celle de Neftali Busnach.

INSCRIPTION

אחי שעו מני אבכה ברוב אוני   לבי וכליותי באש נשרפו
איך אוכלה לראות נגיד ושר ביד   חרדות מקרי הזמן יספו
אחר אשר פנק אותו בכל עונג   יכם בחום רשפו ויתעלפו
ושונא לו מתמול גם משלשום   על חנם ולא חמס בכפו
ארב לו וקם עליו כנחש   בשוט לשון כוואו ושרפו
נוקם ה׳ וגם דמו דרוש דרש   וראש אויב קצצו וערפו
כשור נסקל וכשעיר עזאזול (sic)   שח קרנו ונגע עד טלפו
ושאריתם כמו קוצים כסוחים   וקוץ מונה ארץ ציה נדחפו
אוי לפנינים בין אבנים שוכנים   אויה לספירים לגוש נדחפו
אוי לנדיבים לקברות יובלים   אויה לרחמנים בעפר חפו
דוד בשם נקרא וטוב רואי   צדק וחסד מנהו נשקפו
כהן לאל עליון נטע נעמן   מבחר בני ציון אשר, יפיפו
תקע״א לפ״ק בעשרה לשבט   ישב בסוד ברים בסוכת אל חפו

TRADUCTION

Mes frères, laissez-moi, je pleure dans ma grande affliction,
Mon cœur et mes reins par le feu sont brûlés.
Comment pourrai-je voir un prince, un seigneur
Finir dans l'épouvante des vicissitudes du temps ?
Après l'avoir nourri de toutes les délices,
Il le frappe de sa flamme ardente, et il périt.
Un ennemi de vieille date
Pour rien, sans crime de sa part,
Se mit en embuscade et le frappa comme un serpent.
Du venin de sa langue il le brûla et le consuma.
Dieu est un vengeur : il redemanda son sang
Et la tête de l'ennemi fut coupée. On lui brisa la nuque
Comme à un bœuf lapidé, comme au bouc d'Azazel :
Sa corne fut abaissée au niveau de son sabot.
Ses partisans furent dispersés comme des épines coupées,
Comme une épine perdue dans un pays désert.
Ah ! les perles sont confondues parmi les pierres !
Hélas ! les saphirs sont écrasés sur le sol !

Ah! les généreux sont portés au tombeau!
Hélas! les compatissants sont couchés dans la poussière!
Il s'appela David, il fut beau de figure,
En lui éclatèrent la justice et la charité.
Il fut prêtre du Très-Haut, plant agréable,
Le meilleur parmi les fils distingués de Sion.
En 571 du petit comput, le 10 de chebat,
Il prit place parmi les purs sous la tente de l'Eternel.

David Coen Bacri appartenait à la riche famille Bacri, surnommée Ben Zahout, dont les démêlés pécuniaires avec la France, au sujet de fournitures de grains faites sous la République, amenèrent la prise d'Alger par les Français en 1830. Dès 1774, son père Joseph figura parmi le haut commerce de la Régence. En 1782, celui-ci s'associa avec trois de ses frères, Mardochée, Jacob et Salomon, suivant acte reçu le jeudi 8 kislev 5543 (= 14 novembre 1782) par devant les rabbins Tzemach Duran et Jacob Chalabi Chiquito. Le 15 hesvan 5546 (= 21 octobre 1785), Salomon, qui habitait Livourne au moment de la conclusion de cet acte, déclara devant les rabbins Tzémach Duran et Moïse Seror qu'il y avait adhéré et qu'il y adhérait encore. La raison sociale était Salomon Coen Bacri et frères (1).

Un cinquième frère, Abraham, resta en dehors de la société, mais il eut quelquefois des intérêts communs avec elle. C'est ce qui résulte de la lettre suivante, dont nous croyons utile de reproduire des extraits, non seulement pour établir ce fait particulier, mais encore parce qu'elle précise une phase de la longue revendication de cette famille contre la France. Elle fut traduite du judéo-arabe et enregistrée au consulat de France, le 8 août 1821, à la requête de David, fils d'Abraham Coen Bacri, qui réclamait à son oncle Jacob, alors chef de la nation israélite, une somme de 60.000 francs due à la succession de son père (2).

(1) A. Devoulx, *Archives du Consulat de France à Alger*, manuscrit de la Bibliothèque municipale d'Alger, page 1440.

(2) *Ibidem*, page 1410.

Livourne, le 12 décembre 1803.

A MON HONORABLE FRÈRE ABRAHAM COEN BACRI,

Le motif de ces lignes est pour vous faire savoir que j'ai vu par les lettres que vous m'avez écrites par l'entremise de Simon Coen, que vous augmentiez mes peines en vous livrant à la crainte au sujet de votre argent, quoique vous ne deviez avoir aucun soupçon sous ce rapport, attendu que l'énorme somme que la nation (française) nous doit encore est suffisante pour vous satisfaire, vous et bien d'autres, et pour laisser un bon solde. Quant à mon compte avec ma maison et Busnach, leur capital est rentré dans leurs caisses, et s'il leur reste encore à recevoir, c'est bien peu de chose relativement à tout ce qui nous reste chez la nation (française). Pour ce qui est des intérêts, je me rends à Paris et je leur enverrai de là-bas leur compte arrêté net. Ce que j'ai reçu pour le navire confisqué ne me représente pas le capital, et il s'en faut encore de trente mille piastres; mais, positivement, vous pouvez être plus que certain que je ne vous ferai pas perdre votre bien et vous l'aurez avec intérêt. Répondez promptement à cette lettre afin que je sache comment je dois me régler. Si vous me demandez combien il reste dû par la nation (française), je vous apprendrai qu'elle nous reste devoir sept millions. *Le Boiteux* (1), qui est intéressé à la chose, s'est donné beaucoup de mouvement pour avoir une lettre de notre maître (le dey) pour terminer l'affaire, tandis que la famille l'a abandonnée en nous écrivant de quitter, de laisser toute chose, en disant qu'elle ne demande rien... Cher Abraham, si vous pouvez porter Neftali (Busnach) à faire écrire une lettre par notre maître (le dey) *au Petit* (2) où il lui dira que l'argent réclamé par Bacri et Busnach est à lui et qu'il le prie de le faire payer à cause de lui, et de plus qu'il n'approuve pas le premier acompte qu'il nous a donné sur l'argent du navire et qu'il ait à nous satisfaire entièrement pour l'amour de lui; si l'on peut avoir une lettre en ces termes, on sera sûr de recevoir, et alors nous pourrons contenter les gens d'Alger sur le reste de leurs intérêts et sur les bénéfices. Vous prendrez, vous et les autres, et malgré cela il restera encore beaucoup, quoiqu'il doive ne vous en rien coûter; dites-leur que s'ils attendent de recevoir par eux-mêmes par l'entremise de notre maître (le dey) ou par celle d'autrui, je jure qu'ils n'en retireront pas un sol; car si *le Boiteux* n'était pas dans ma main, je ne compterais ni sur la lettre de notre maître, ni sur aucune autre chose, parce que *le Petit* n'aime pas qu'il lui soit rien demandé avec force, mais il veut que la demande lui soit présentée avec douceur. Je vous promets que je ne demeurerai pas deux mois à Paris et que je me rendrai à Marseille, que j'aie reçu l'argent ou non : vous pouvez engager Neftali en mon nom à me faire cette faveur. S'ils prennent d'autres moyens, l'affaire de la nation (française) ira tout de travers...

Signé : Jacob COEN BACRI.

(1) Probablement Talleyrand.
(2) Sans doute Napoléon.

Vers 1797, comme nous l'avons vu plus haut, Neftali Busnach, neveu et beau-frère de Joseph Bacri, entra dans la société, qui prit alors la dénomination de Bacri frères et Busnach. C'est à peu près l'époque où David épousa Aziza, fille de Moïse Busnach et sœur de Neftali (jeudi 23 élul 5557 = 14 septembre 1797) (1).

La puissance et l'influence des deux familles, déjà étroitement alliées auparavant, prit dès lors un essor inouï. Tandis que Busnach parvenait, par son habileté, à participer au gouvernement même de la Régence, David dirigeait avec le plus grand succès les affaires commerciales. Nous avons raconté, en esquissant la biographie du premier, l'activité déployée par les associés et les malheurs qui les atteignirent. Leurs ennemis applaudirent à leur perte, et les consuls mêlèrent leurs voix au concert d'outrages lancés contre les infortunés. Cependant les reproches d'égoïsme, d'ambition ou de rapacité, qui leur furent adressés, n'étaient pas tout à fait mérités, nous avons essayé de le démontrer. Plusieurs documents officiels viennent corroborer notre démonstration, au moins en ce qui concerne les Bacri.

Le 17 novembre 1795, le roi d'Espagne accorda aux frères Bacri une gratification de 40.000 réaux en récompense de la fidélité et du zèle dont ils avaient fait preuve à son service comme censaux de son consulat à Alger. En mars 1799, et pour les mêmes motifs, il les appuya, par l'intermédiaire de son ambassadeur à Paris, auprès du Directoire qui venait de rompre avec la Régence et qui menaçait de confisquer leurs propriétés en France. Il rappela à cette occasion leur intervention heureuse en faveur des sujets français établis à Alger, que le dey, au moment de la rupture, avaient incarcérés et auxquels les Bacri firent rendre leur liberté et leurs biens. En 1804, ils demandèrent au roi de daigner recommander leur frère Salomon, de Livourne, à la nouvelle reine d'Etrurie, Marie-Louise d'Espagne, et voici les termes fort honorables pour eux dont le consul se servit pour justifier leur demande :

(1) Registre des Ketubot.

DON JOSEPH ALONZO ORTIZ A DON PEDRO CEVALLOS (1)

Alger, le 23 juillet 1804.

TRÈS EXCELLENT SEIGNEUR,

De même que, me conformant à mon devoir, j'ai dévoilé à Votre Excellence ou seulement indiqué le rôle inique de ceux qui font mouvoir la tête incapable du souverain de ce pays, de même, je dois appeler votre attention sur l'honorabilité, depuis longues années reconnue, du vieux Joseph Coen Bacri, censal d'Espagne en cette ville. Depuis la conclusion de la paix avec la Régence, à laquelle il prit la part la plus essentielle, il est toujours resté le constant appui de tous les Espagnols. C'est à ses efforts que nous devons que les maux qui se sont si souvent abattus sur notre maison consulaire n'aient pas été plus grands. Il est le seul dont la sincère gratitude et l'attachement aux intérêts de l'Espagne ne peuvent pas être mis en doute, vu le courage et le zèle avec lesquels il s'est toujours employé de bonne foi à aplanir nos difficultés. Aussi, a-t-il été jugé digne, en tout temps, de l'estime que mes prédécesseurs lui ont accordée.

En raison de ces mérites, et plein de confiance dans la générosité de Sa Majesté et dans la bonté de Votre Excellence, il m'a instamment demandé que vous daigniez obtenir pour lui la faveur que S. M. le Roi ou S. M. la Reine consente à recommander à S. M. la Reine d'Etrurie son frère Salomon Coen Bacri, riche négociant, depuis longtemps établi à Livourne, avec sa maison, sa famille et ses biens, afin qu'il soit protégé dans toutes les occasions légitimes qui pourront se présenter, car il fut très estimé par les souverains antérieurs et sur la dite place pour les services qu'il a rendus en tout temps à la dynastie alors régnante et qu'il continuera à rendre à la dynastie actuelle.

Si Votre Excellence le juge digne de cette faveur et qu'elle consente à le patronner pour la lui obtenir, il me sera extrêmement agréable que vous ayez la bonté de me faire connaître votre décision pour la satisfaction de l'impétrant.

Que Dieu garde, etc.

David Coen Bacri, au nom de la société, faisait un commerce considérable. Armateur, il possédait plusieurs navires, tels que l'*Abraham*, le *Moïse*, le *Mabrouk*, la *Messaouda*. Il achetait tous ceux que les corsaires français prenaient aux alliés et qu'ils amenaient au port d'Alger. C'est ainsi que, pendant la seule année de 1809, il acquit, bâtiments et cargaisons, le brik anglais *Salerne*, capitaine William Philipps, le bateau espagnol *Nuestra-Senora-del-Rosario*, capitaine

(1) Lettre traduite de l'espagnol d'après la minute conservée aux archives du Consulat d'Espagne.

Joaquin Meseguer, un autre brik espagnol, le brik anglais *Sally*, le schooner anglais *Halifax*, toutes prises faites par le corsaire français l'*Intrépide*, sous le commandement du fameux capitaine Bavastro. Ces achats furent opérés malgré les menaces réitérées proférées par les Anglais, alors en faveur auprès du Divan, contre quiconque se ferait adjuger des navires et des marchandises de provenance anglaise amenés à Alger par des corsaires français.

Dans une autre circonstance, David Bacri eut encore maille à partir avec les Anglais. En possession de nouveau de la confiance du dey, il vit terminer le différend à son avantage, et sa victoire peut être regardée comme celle du parti français. Un de ses navires, battant pavillon algérien et ayant tous ses papiers en règle, fut surpris par un corsaire anglais, peu d'heures après être sorti de Bône, et conduit à Malte. Il y était retenu contre tout droit lorsque le corsaire eut l'audace de venir mouiller à Alger. Aussitôt le dey y fit mettre l'embargo et notifia au consul d'Angleterre, M. Blanckley, d'avoir à cesser toute communication avec le Divan aussi longtemps que la polacre des Bacri ne leur aurait pas été restituée. Grâce à cette attitude énergique conseillée par David, les Anglais rendirent leur prise.

Ils se heurtèrent encore contre les Bacri dans une affaire plus importante. Profitant d'un moment où la France était en froideur avec le dey, ils firent retirer à cette nation le privilège de la pêcherie de corail qu'elle possédait depuis plus de deux siècles, et qu'elle ne désirait nullement abandonner. Ce privilège comprenait, en outre, le commerce exclusif de Bône et l'occupation de La Calle. Il leur fut concédé moyennant une redevance annuelle de 50.000 douros. Mais ils ne purent en tirer parti, car, dès 1807, les Bacri avaient obtenu le monopole du commerce de Bougie et par suite anéanti celui de Bône, qui était le principal objectif des Anglais. Ceux-ci furent obligés de renoncer à leur privilège, qui retourna aux mains des Français.

Au mois d'août 1808, la polacre *I Tre Fratelli*, appartenant à David Bacri et battant pavillon algérien, fut prise par un corsaire espagnol, bien que ses papiers fussent en règle, et conduit à Rosas, en Catalogne, où l'équipage et les passagers furent jetés en prison. Parmi ces derniers se trouvaient Arago, le célèbre astronome, et un aide de camp de l'empereur Napoléon Ier. Les principaux chargeurs étaient, outre Bacri lui-même et quelques autres israélites, plusieurs ministres du dey. Aussi ne fut-il pas difficile d'émouvoir la Régence au sujet de cette violation du droit des gens. Le consul d'Espagne dut transmettre sa réclamation à don Pedro Cevallos, ministre des Affaires Etrangères, qui, craignant des complications, ordonna de laisser le navire continuer son voyage sans empêchement.

Depuis quelque temps la France réclamait la mise en liberté de cent six esclaves de sa nationalité. Au mois de mai 1808, le dey s'engagea à les rendre en échange d'un certain nombre d'Algériens retenus captifs en Portugal, et à la condition qu'il recevrait le cadeau consulaire d'usage, plus un cadeau personnel pour lui-même. Les esclaves furent embarqués, en effet, mais les obligations contractées par la France ne furent pas tenues. Une année s'écoula en tergiversations, favorisées par les révolutions intérieures du pays. Enfin, au mois de juin 1809, le consul de France, M. Dubois-Thainville, ayant demandé ses passeports, le dey lui déclara que si la rançon des esclaves libérés et les cadeaux convenus n'étaient pas fournis, il le retiendrait en captivité avec ses compatriotes établis à Alger et tous ceux qui y arriveraient ultérieurement, jusqu'à concurrence du nombre de cent six. Dans cette fâcheuse conjoncture, le consul s'adressa aux Bacri, qui avaient tout à craindre d'une rupture avec la France à cause de leurs succursales de Marseille et de Livourne. Ils lui procurèrent la somme de 250.000 fr. qui fut déposée comme sûreté entre les mains du consul de Suède et moyennant laquelle M. Dubois-Thainville fut autorisé à s'embarquer avec sa famille et ses nationaux.

La maison Bacri, dont l'un des associés, Joseph, était censal d'Espagne, rendit aussi de grands services d'argent au consulat de cette puissance. En 1809, le total de ses avances s'élevait à la somme de 55.783 piastres fortes. Le R. P. Joseph Novela, administrateur de l'hôpital royal espagnol, lui devait de son côté 25.030 piastres. Au mois de novembre 1814, ces comptes furent liquidés et les fonds remis aux mains des correspondants des Bacri, les sieurs Ravara, négociants à Madrid.

En notant dans son journal, à la date du 1er novembre 1806, l'élévation de David Bacri à la dignité de chef de la nation israélite, le consul d'Espagne terminait son récit par cette réflexion : « Quelle sera sa fin ? Le souvenir de Busnach l'annonce clairement. Quelle sera la fin de la Régence, qui fait une telle nomination après tant de sang répandu ? Le souvenir de Mustapha Pacha l'indique sans qu'il soit besoin de commentaires (1). »

L'évènement ne confirma que trop cette sombre prédiction. Le 4 février 1811, David Bacri eut la tête tranchée par ordre du dey, le cruel et sanguinaire Hadj Ali. Son épitaphe, comme on l'a vu, fait allusion à des intrigues, dont il aurait été la victime innocente. Un ennemi de vieille date causa sa perte traîtreusement, mais périt à son tour peu de temps après. M. Rang rapporte de son côté que le dey le sacrifia sur la déclaration d'un ennemi, qui l'accusa faussement d'avoir écrit à la Porte contre lui (2). La tradition locale a gardé le souvenir de dénonciations calomnieuses lancées contre David, de reproches de concussions dont il se serait rendu coupable dans la gestion des fonds de la communauté israélite. Enfin, s'il faut s'en rapporter au témoignage du vice-consul d'Espagne à Oran, sa disgrâce et sa mort tragique furent motivées par des raisons plus sérieuses. Selon cet agent diplomatique, il mourut victime de son dévouement à la France. Voici, en effet, la traduction d'une lettre officielle que M. Higuero écrivit à don Eusebio de Bardaxi y Azara, ministre des affaires étrangères, à Madrid (3) :

Oran, 12 février 1811.

TRÈS EXCELLENT SEIGNEUR,

J'ai l'honneur de porter à votre connaissance que, le 4 courant, à midi, le dey d'Alger a donné ordre de couper la tête au juif David Bacri, ce qui fut immédiatement exécuté. Les raisons qui ont obligé le dey à accomplir une justice si juste paraissent être que Napoléon aurait nommé ledit juif

(1) Archives du Consulat d'Espagne.

(2) *Tableau de la situation des établissements français dans l'Algérie*, 1844-1845, page 567.

(3) Archives du Consulat d'Espagne.

son consul général à Alger, avec autorisation de faire et défaire comme un autre lui-même, et que celui-ci se serait mêlé à des intrigues contre la nation anglaise. Ces renseignements ne m'ont pas encore été confirmés. Ce qui est certain, c'est que Bacri a reçu le prix que méritait sa francisation.

Signé : Joseph HIGUERO.

Il est difficile de démêler exactement la vérité au milieu de ces affirmations contradictoires. Une chose est hors de doute, c'est qu'un ennemi travailla à la perte de David Bacri, et cet ennemi n'est autre que David Duran, son rival irréconciliable, qui lui succéda dans sa charge de chef de la nation et qui subit le même sort que lui avant que l'année fût écoulée (19 octobre 1811).

Après la mort de David Bacri, ce fut son père, le vieux Joseph, qui reprit la direction des affaires de la maison. De 1812 à 1815, il arma pour son compte et pour celui d'autres commerçants israélites plusieurs navires qui lui appartenaient, notamment la polacre à deux mâts le *Moïse*, capitaine Mahomet Raïs, jaugeant 180 tonneaux et ayant un équipage de dix-sept hommes, le brigantin le *Messaoud*, de 163 tonneaux, capitaine Omar Raïs, la polacre à deux mâts l'*Aziza*, 129 tonneaux, douze hommes, capitaine Hamdan Raïs.

Joseph dut s'occuper à liquider la succession de son fils. Entre autres contestations auxquelles cette succession laborieuse donna lieu, il faut signaler celle qui se rapporte au brick le *Moïse* et à une frégate le *Mabruck* pris par les corsaires anglais, retenus au port Pino (Majorque) et réclamés par les héritiers de David. Après beaucoup de démarches faites au nom de la maison Bacri par ses correspondants, M. Francisco Morey, à Palma, et MM. Antonio Jordan, Onetio et Cie, à Cadix, ainsi que par M. Louis-C. Hargrave, consul d'Angleterre aux îles Baléares, l'affaire fut portée, d'un commun accord, devant le conseil supérieur de guerre de Mahon (novembre 1815).

La succession devait des sommes considérables à Isaac Tama, armateur à Marseille. David lui avait acheté, avec sa cargaison, deux navires, le *Leeds* et la *Loyalty*, provenant de prises sur les Anglais et ancrés dans le port Pino. Le 1er mai 1816, Tama fit mettre l'embargo sur les deux bâtiments.

Notons, en passant, que ce fut ce même Tama qui, en

société avec le sieur François Maurin, établit le premier service régulier de bateaux entre Alger et Marseille. Il fut ainsi le digne prédécesseur d'un de ses éminents coreligionnaires contemporains, M. Eugène Péreire, qui vient de doter Alger du premier service quotidien avec la métropole. Le 8 février 1817, les deux associés, Tama et Maurin, convinrent avec le consul de France qu'ils achèteraient un navire fin voilier, de six cents charges au moins, qui serait nommé le *Courrier d'Alger*. Il devait faire quatre voyages par an, partant de Marseille le premier jour du premier mois de chaque trimestre et d'Alger le premier jour du second mois. Pour subventionner cet établissement, auquel le commerce de la Régence, alors dans le délabrement, ne pouvait être que d'un appui extrêmement minime, le consul de France souscrivit pour 4 800 francs par an, les consuls de Suède, des Pays-Bas, des Etats-Unis, du Danemark et d'Angleterre chacun pour une somme annuelle de 500 francs (1).

Après la mort de David Duran (19 octobre 1811), Joseph Bacri devint chef de la nation. Il ne conserva pas longtemps cette charge enviée. Circonvenu par ses ennemis, le dey le condamna à l'exil. Avant de quitter sa ville natale, l'infortuné déposa la protestation suivante au consulat d'Espagne (2) :

Joseph Coen Bacri, en qualité de censal de la maison consulaire d'Espagne,

Attendu qu'il est notoire qu'il se trouve présentement dépossédé de son titre de chef de sa nation, privé, par ordre de son gouvernement, de sa maison, de ses biens et de sa liberté et sur le point de sortir de ce royaume sans rien que les vêtements qu'il a sur le corps, sans que le temps ni la faculté lui soit donnée pour disposer de quelque partie de ses biens, comptes et créances;

Attendu, par conséquent, qu'il est obligé de tout laisser dans l'abandon et le désordre, et qu'il ne peut éviter cet état de choses, sans risquer sa vie par suite des machinations avec lesquelles ses ennemis l'ont attaqué et renversé, sans lui fournir les moyens de comparaître en justice comme cela devrait être, suivant toutes les lois divines et humaines;

Telles étant les circonstances, en qualité de censal du consulat général de Sa Majesté Catholique, il a recours à Votre Seigneurie, afin que par la présente, signée de ma main à défaut de comparution personnelle, vous receviez la protestation formelle et solennelle qu'il fait publiquement de-

(1) A. Devoulx, *Archives du Consulat de France*, ms., page 1356.
(2) Traduite de l'original espagnol, conservé aux archives du Consulat, à Alger.

vant vous contre les personnes suivantes : Joseph Coen Jonathan, Josué et Moïse Lévi Balensi, Moïse Aboucaya, Jacob et Moïse Benaïm, Jacob de Mardochée Amar et Mardochée de Joseph Amar, Joseph de David L. Balensi et Jacob Coen Bacri (1). Ces personnes sont les instigateurs et les auteurs de tous les préjudices que mon absence et mon abandon font et feront souffrir à tous mes biens propres, réels, négociables ou à valoir, ainsi qu'aux biens dépendant de la succession de mon défunt fils David Coen Bacri et à ceux de mes correspondants et amis qui pourront être en connexité avec les miens. Je rends toutes ces personnes responsables de tous les dommages et préjudices qui résultent et pourront résulter d'un abandon aussi imprévu que celui qui m'est imposé par ordre supérieur, me réservant le droit de protester de nouveau si Dieu me conduit sain et sauf au port de Livourne, où je ferai les déclarations nécessaires, suivant que ma mémoire me le permettra, n'ayant avec moi ni livres ni registres. Devant Dieu et les hommes, je rends les personnes ci-dessus mentionnées responsables, dans leurs biens, de tous les dommages et préjudices qui pourront m'arriver comme il est dit, et afin que cette protestation ait toute la valeur possible, ne pouvant comparaître en personne, je signe la présente, à Alger, dans la maison où je suis détenu, le 21 janvier 1816.

J'ai l'honneur de vous saluer.

Votre très humble serviteur,
Joseph Coen Bacri.

Signé en hébreu : ע"ה יוסף כהן בקרי

Pour légitimation de la lettre et de la signature :
Pedro Ortiz de Zugasti.

Joseph partit. Arrivé à Mahon, il tira, le 15 février 1816, une lettre de change de 480 piastres sur Moïse de Aron Lévy Valensi, et une autre de 1.950 piastres sur son plus jeune frère Jacob, qui lui avait succédé dans les fonctions de chef de la nation. Aucune des deux ne fut payée. Joseph ne put jamais retourner dans sa patrie, ni recouvrer une parcelle de son immense fortune. Il vécut encore quelques années à Livourne, et il y mourut, dit-on, dans l'oubli et la misère.

David Bacri figure sur le nécrologe de la Synagogue Sarfati, pour minha de samedi.

Le nom de Bacri est un adjectif relatif formé du nom Abou Bekr. Il est usité comme prénom chez les Arabes. Zahout est un adjectif arabe qui veut dire grand de taille.

(1) Les deux derniers noms sont en surcharge sur l'original et d'une encre différente. Ce dernier conjuré serait-il le frère de Joseph et son successeur dans les fonctions de chef de la nation ?

46. — C.

DAVID DURAN

1811

Bloc de marbre en dos d'âne long de 1m22, large de 0m48, haut de 0m52. Sur l'un des bas-côtés se lisent les noms, titres et qualifications du défunt, ainsi que la date de son décès; sur l'autre, il y a le sigle funéraire et une fleur sculptée en relief. Les deux côtés latéraux ont respectivement huit et sept lignes, les caractères sont en creux. L'épitaphe comprend sept distiques monorimes.

INSCRIPTION

גודו ספדו כל עוברי דרך   התאבלו וחגרו שק על מתנים
אבכה בכי יעזר בתמורורים   אקונן בקול גדול וידי על חלצים
אגוז ראש אגוד ואתגודדה   הו הו אקרא בבירת ובחוצותים
אעשה מספד כתנים ומיעיני אזרימה   ואשא קול בנפש דאבה על מרתים
על הרג איש ישר חשוב ונאמן   שלשוליתה דרבא מזהב פרוים
מיוחס הוא משכיל ונבון לחש רודף   צדקה וחסד בר לבב ונקי כפים
יום ר"ח חשון שנת תקע"ב נהרג   הידו"ן (1) עלתה נשמתו לשמים

TRADUCTION

Gémissez et lamentez-vous, ô passants du chemin,
Prenez le deuil et ceignez vos reins de cilices.
Je veux pleurer amèrement, comme on a pleuré sur Yabzer,
J'entonne des complaintes à voix haute et les mains sur les flancs,
Je rase ma tête, je gémis et je me plains.
Je crie : Hélas! hélas! dans la maison et dans la rue.
Je fais un cri de deuil comme les dragons, je laisse couler mes larmes,
J'élève la voix avec un cœur affligé d'une double amertume (1) :
Le meurtre d'un homme droit, estimable, loyal,
Descendant de Raba (3). Plus que l'or de Parvaïm
Il fut de grande extraction, intelligent, instruit,

(1) Ce mot est une abréviation pour ה' ינקום דמו ונקמתו.

(2) Le mot מרתים que je traduis suivant le contexte et le sens de la racine par double amertume, est emprunté à *Jérémie, L, 21*, et est, en réalité, un nom propre qui paraît désigner la Babylonie.

(3) Raba était un docteur célèbre du Talmud. Son nom signifie grand, puissant. Ici il constitue une allusion au fameux rabbin Simon bar Tzémach, souche de la famille Duran.

Recherchant la justice et la charité, de cœur pur, de mains innocentes.
Il fut mis à mort le premier jour de hesvan 5572.
Que le Seigneur venge son sang !
Son âme est montée au ciel.

David, fils de Juda Duran, descendant en ligne directe de l'illustre rabbin Simon bar Tzémach Duran, occupa, dès 1776, une place distinguée dans le haut commerce algérien. Ambitieux et insinuant, il entra en lutte avec les Bacri, alors tout-puissants, grâce à leur parent et associé Neftali Busnach, et peu après la catastrophe du 28 juin 1805, le dey Ahmed Pacha, qui succéda à Mustapha (3 août), le nomma chef de la nation israélite (septembre). D'un caractère honnête mais faible, il ne voulait pas le mal, mais il y fut entraîné par son entourage, par ses conseillers, dont les principaux furent, outre les rabbins Tzémach Duran et Amram Amar, les notables Jacob et David Daninos, Samuel Lévy, Joseph Tabet Ben Tibi, Jacob Bibas, Moïse Aboucaya, un certain Simon, chef de toute la cabale, et le rabbin David Moati (1). Il profita de sa nouvelle autorité pour organiser contre les Bacri la persécution que nous avons relatée plus haut. Par haine contre eux, il s'attaqua à leur protecteur, le consul d'Espagne. Le 10 octobre 1805, il fit une scène violente et publique au drogman de ce consulat, qui se rendait trop souvent à son gré au palais du dey. Prenant en tout le contre-pied des Bacri, comme ceux-ci étaient attachés à la cause de la France et de l'Espagne, il épousa passionnément les intérêts de l'Angleterre, et accapara, pour ainsi dire, le consul de cette puissance, M. Cartwright. A son instigation, cet agent diplomatique se déclara ouvertement l'ami des Juifs, les défendit en toutes circonstances et, en même temps, par toutes sortes de moyens bas et indignes du représentant d'une nation civilisée, il chercha à amener le dey, qui lui avait accordé ses grandes et ses petites entrées, à rompre avec l'Espagne et la France. Vaniteux et maladroit, bien loin de réussir dans ses menées ténébreuses, il tomba dans un tel discrédit qu'il fut obligé de se retirer (22 février 1806). Dans ses lettres à son gouvernement, il attribue sa

(1) *Hésed léoumim*, page 4 a.

disgrâce à l'influence des Bacri, revenus au pouvoir. « Les Juifs, dit-il entre autres, dirigent tout le commerce du pays vers la France et l'Espagne. En levant l'étendard contre eux, je devins bien plus odieux que mon prédécesseur (1). »

L'ami de M. Cartwright, Duran, avait été révoqué le 20 juillet 1805 et remplacé par Joseph Ben Tibi, un autre de ses partisans. Personne ne le desservit auprès du dey, si ce n'est ses propres fautes. Dans un rapport officiel, en date du 5 décembre 1805, le consul d'Espagne caractérisa sa conduite dans les termes suivants : « Grand est le discrédit dans lequel est tombé auprès du dey et de toute la Régence le nouveau consul anglais, M. Cartwright, qui avait joui dans le principe auprès du même dey d'une telle faveur que l'on craignait qu'il le déciderait à rompre avec l'Espagne et la France, ce qui faillit avoir lieu. Mais toutes ses prétentions, l'air de supériorité qu'il affectait vis-à-vis des autres puissances, sa puérile obstination à occuper la campagne de l'ancien dey assassiné, Mustapha, pour avoir l'air de loger dans une demeure royale, la protection anglaise accordée et la cocarde nationale octroyée à tous les Juifs qui voulaient les accepter ; enfin, tant d'autres impertinences, qui ont rempli tout le monde de dégoût, ont fini par le désigner au mépris universel. Il en est arrivé à se voir refuser l'entrée du palais. Il a été laissé sans drogman, ce qui équivaut à la rupture des relations officielles. Il a été avisé de n'avoir pas à se présenter au baise-main de la Pâque des Maures, ce qui eut lieu, et le dey a écrit à son gouvernement que si un autre consul n'était pas nommé, il le chasserait de son pays (2). »

Ce que le dey ne pouvait surtout pas lui pardonner, c'est que, l'escadre portugaise étant arrivée pour traiter de la paix, M. Cartwright avait intrigué de telle sorte qu'elle repartit sans même ouvrir les négociations.

Dans une lettre du 21 février 1806, le consul d'Espagne attribue toutes les inconséquences de son collègue anglais aux conseils des Israélites qui le dirigeaient. Parmi eux, le principal était David Duran.

(1) R. L. Playfair, *The Scourge of Christendom*, page 237.

(2) Archives du Consulat d'Espagne.

Sur ces entrefaites, la frégate britannique le *Niger* étant venue mouiller au port d'Alger, M. Cartwright, de guerre lasse, s'y embarqua.

Quant à Duran, révoqué et réduit à l'impuissance, il éprouva le retour des choses humaines. Il fut traîné en justice par les Bacri sortis de prison. Ils lui réclamèrent soixante mille francs, qu'ils prétendirent lui avoir remis pour procurer leur élargissement et qu'ils l'accusèrent d'avoir gardés pour lui. Plus tard, la fortune lui sourit encore une fois. Après la mort de David Coen Bacri, à laquelle nous avons vu qu'il ne fut pas étranger (4 février 1811), il devint de nouveau chef de la nation. Mais la haine du vieux Joseph Bacri, exaspéré par la fin cruelle de son fils, le poursuivit dans ses hautes fonctions, et à la suite de ces accusations calomnieuses si fréquentes alors dans la communauté d'Alger et qui manquaient rarement leur but, le dey le livra au bourreau (19 octobre 1811).

Il laissa deux fils, Salomon et Elie (1).

---

47. — C.

JACOB FITOUSSI

1812

Bloc de marbre en dos d'âne, terminé par une pomme brisée. Les quatre côtés sont couverts d'inscriptions. Sur les bas-côtés on lit les noms, titres et qualifications du défunt, ainsi que la date de son décès et le sigle funéraire. Les deux côtés latéraux ont respectivement huit et sept lignes. L'écriture est en creux. L'épitaphe se compose de huit distiques monorimes.

INSCRIPTION

אבן עלי קבר בכור תזעק   על מות איש צדיק תמים דעים
חושן אנשי לבב שאו קינה   ובכו עלי חכם אביר רועים
שולח מעיר קדש לדבר מצוה   נחלה בחרחורים מאד רעים
אוי כי לעינינו הנו נתפס   נקרע סגור לבב לשני קרעים

(1) *Malé Jehuda*, préface.

מו"ר יעקב איש תם יושב אהל   עם חכמים ידידים רעים
כל העם עונים מקודש הוא   נחנך לפיתוסי מיודעים
י"ג לתמוז תקע"ב לפ"ק   עלתה יחידתו למרגועים
נפשו צרורה בצרור החיים   ובגן עדן היא בשעשועים

TRADUCTION

Cette pierre sur ce tombeau crie amèrement
Sur la mort d'un juste aux pensées intègres.
Hâtez-vous, hommes de cœur, entonnez des complaintes,
Et pleurez sur un savant, prince des pasteurs.
Envoyé par la Ville Sainte en mission pieuse,
Il tomba malade, atteint par des fièvres pernicieuses.
Le voici enlevé devant nos yeux,
Notre cœur en est déchiré en deux parts.
Le rabbin Jacob, homme paisible, demeurait
Dans la tente avec les savants, ses compagnons, ses amis.
Tout le peuple dit : « Il fut saint ».
Il était de la famille connue des Fitoussi.
Le 13 tammuz 572 du petit comput,
Son âme partit pour le repos.
Elle est enveloppée dans le faisceau de vie
Et au jardin d'Eden elle se délecte.

Jacob Fitoussi, né à Tunis, émigra en Terre-Sainte. Envoyé pour recueillir les aumônes des pauvres de Jérusalem, il arriva au cours de sa mission à Alger, où il mourut le 23 juin 1812. Il est auteur de deux ouvrages, le *Mizbah Jacob* (מזבח יעקב, l'Autel de Jacob) et le *Berit Jacob* (ברית יעקב, l'Alliance de Jacob), imprimés à Livourne et renfermant des nouvelles sur le Talmud, des homélies, des éloges funèbres (1).

---

48. — C.

ISAAC ABOULKER

1815

Bloc de marbre en dos d'âne, surmonté d'une pomme sculptée. Longueur 1m24, largeur 0m52, hauteur 0m38. Les quatre côtés sont couverts d'inscriptions. Sur les bas-côtés,

(1) MARCO SAMUEL GHIRONDI, *Toldot Guedolé Israël*, page 211, *sub voce.*

on lit les noms, titres, qualifications du défunt, plus la date de son décès, le sigle funéraire et des formules de regret. Les côtés latéraux ont respectivement huit et sept lignes. Les caractères sont sculptés en creux. L'épitaphe forme un poème régulier et élégant, renfermant six quatrains, dont les vers riment 1 et 4, 2 et 3. Les rimes sont les mêmes dans chaque quatrain.

INSCRIPTION

נשנה משנה ערוכה בבכי דומעת   בנהי וקינה צעקה אל הזמן
גואל חסר לבב ואיש לא נאמן   פועל פעולה עד מאד מורשעת
איך תאנף תבגוד באנשי דעת   ולפושעים כל טוב וכל חסד תמן
איך תחרה תקטוף באף ציץ נעמן   עת לעקור נטע ועת לטערת
איך תשקה ותמצא כוס קובעת   לאיש צדיק טעמו כצוף ומן
רחב שכל כמו אסף והימן   ושם לו בין יודעי חכמות ודעת
ואל כסא ההוראה נפשו הגעת   יורה וידין לעם לא אלמן
נדיב לב ותרן ורחמן   על עדתו יבכה בכי מיפערת
בכל צרתם לו צר נוגעת   כי נתנו לשוד כמו שוד שלמן
ואויב פה לו טמן   והכהו בשבט לשונו הגודערת
עדי חרב בצוארו קורצת   יצחק לבית אבולכיר נטמן
בכ"ח לחדש זיו יחידתו נוסעת   להתעדן בטוב יה לו זמן

TRADUCTION

Il est un chapitre connu, arrosé de larmes;
Il crie vers le sort avec soupirs et lamentations :
« Libérateur sans cœur, être sans foi,
Ouvrier d'œuvres très coupables,
Comment vas-tu dans ta colère trahissant les hommes d'intelligence,
Et réservant aux pécheurs tout bien et toute grâce?
Comment, plein de courroux, as-tu cueilli une fleur exquise?
Il est un temps de planter et un temps d'arracher les plantes.
Comment as-tu fait boire la coupe jusqu'à la lie
A un homme juste, doux comme le miel et la manne,
A l'esprit vaste comme Asaf et Héman,
Et renommé parmi les maîtres de la sagesse et de la science? »
Il s'éleva jusqu'au siège de docteur de la Loi.
Il enseigna et jugea le peuple non orphelin (1),
Il fut noble, généreux, compatissant.
Il pleura sur sa communauté comme sur Méfat;

(1) Littéralement non veuf. Expression biblique *(Jérémie, LI 5)* qui signifie que le peuple d'Israël n'est jamais privé tout à fait d'hommes dévoués et vertueux.

Il souffrit de toutes les souffrances qui l'atteignirent,
Car elle fut livrée à une désolation semblable à celle de Salman (1) ?
Un ennemi lui dressa une embûche,
Il le frappa de sa langue destructrice,
Tellement que l'épée trancha son cou.
Il fut désigné sous le nom d'Isaac Aboulker.
Le 28 du mois de siv son âme partit
Pour se délecter dans la béatitude que Dieu lui réserva.

Isaac Aboulker fut rab d'Alger. Possesseur d'une certaine fortune, à côté de ses fonctions religieuses, il s'occupa de commerce (2). Il fut le correspondant d'Aron Amar, banquier à Oran (3).

Son courage et son impartialité furent cause de sa mort. On raconte que des membres de sa communauté s'étant plaints à lui des exactions de Joseph Coen Bacri, alors chef de la nation, il se présenta à leur tête devant le dey pour demander justice. Le prince désigna plusieurs dignitaires musulmans pour contrôler la comptabilité de Bacri. Circonvenus par celui-ci et séduits par ses présents, ils déclarèrent que sa gestion des deniers de la communauté était à l'abri de tout reproche. Non content de ce succès, Joseph Bacri se posa à son tour en accusateur contre Isaac Aboulker, qu'il représenta comme un étranger ambitieux, comme un brouillon incorrigible, instigateur de toutes les plaintes et de tous les troubles. Le malheureux rabbin fut traîné au supplice avec six autres notables (7 juin 1815).

Isaac Aboulker fut un de ceux qui, par leurs libéralités, contribuèrent à l'impression du *Zera Jacob*, ouvrage de R. Jacob Benaïm, ancien rab d'Alger (4).

Son nom figure sur le nécrologe de la Grande Synagogue pour minha de samedi.

(1) Nom sous lequel la Bible *(Osée, X, 14)* désigne Salmanassar, roi d'Assyrie, qui commit tant de ravages en Judée.

(2) *Livre d'or*, page 83.

(3) Voir notre opuscule : *Les Israélites d'Oran*, page 17.

(4) Préface de cet ouvrage.

APPENDICE

I

NÉCROLOGES
DE LA COMMUNAUTÉ D'ALGER

1. — *GRANDE SYNAGOGUE*

a) **Matin de Samedi avant Rosch-Hodesch**

הח׳ הש׳ הדומצ׳ החסיד העניו ירא אלקים הישיש הרב ר׳ משה משוש
הח׳ הש׳ ר׳ משה אלפארח
הח׳ הש׳ הד׳ ומצ׳ אדו״מ הרב הכולל והישיש החשוב ר׳ בנימין דוראן
הח׳ השי הד׳ ומצ׳ הרב החשוב ר׳ צמח דוראן
הח׳ הש׳ הד׳ ומצ׳ הרב החשוב ר׳ בנימין דוראן
הח׳ הש׳ החשוב ר׳ צמח דוראן
הח׳ הש׳ הד׳ ומצ׳ החשוב ר׳ צמח דוראן
הח׳ הותיק החשוב ר׳ בנימין דוראן
הח׳ הנבון הישיש החשוב ר׳ דוד דוראן

b) **Minha de Samedi** (1)

הח׳ הש׳ הד׳ חכו׳ החסיד העניו יר״א הישיש הרב ר׳ משה משוש
הח׳ הש׳ ר׳ שלום דוראן
הח׳ הש׳ הד׳ המ׳ החסיד העניו הרב ר׳ סעדיה זוראפא
הח׳ הש׳ הד׳ המ׳ ר׳ בנימין דוראן
הח׳ הש׳ ר׳ אבא מארי דוראן
הח׳ הותיק ר׳ צמח דוראן

(1) Sur cette liste figurent tous les rabbins qui portèrent le titre ou exercèrent les fonctions de ministre-officiant de la Grande Synagogue. Nous l'arrêtons à R. Isaac Abulker, dont l'inscription tumulaire est la dernière de notre travail. Sur les listes des autres synagogues nous n'avons transcrit que les noms qui ne sont pas compris sur la première.

הח׳ הש׳ חד׳ המוצ׳ החסיד הענוו הרב ר׳ נתנאל קרשקיש
הח׳ הש׳ הד׳ הענוו ר׳ יצחק מועטי
הח׳ הש׳ הד׳ המ׳ הרב ר׳ שלמה צרור
הח׳ הש׳ הד׳ ר׳ יונה דוראן
הח׳ הותיק ר׳ אהרן דוראן
הח׳ הש׳ החסיד הענוו יר״א הרב ר׳ מסעוד בן גגון
הח׳ הש׳ הד׳ ר׳ שלמה צרור
הח׳ הש׳ ר׳ משה צרור
הח׳ הש׳ הד׳ המ׳ אדו״מ הרב הכולל הישיש ר׳ בנימין דוראן
הח׳ הש׳ ר׳ יוסף מועטי
הח׳ הש׳ הד׳ המ׳ ר׳ סעדיה אזוביב
הח׳ הש׳ הד׳ ר׳ צמח דוראן
הח׳ הש׳ הד׳ המ׳ הענוו ר׳ מימון יאפיל
הח׳ הש׳ הד׳ המ׳ ואדו״מ הרב המובהק ר׳ שלמה צרור
הח׳ הש׳ ר׳ שמואל הכהן
הח׳ הש׳ הד׳ הענוו ר׳ יעקב צרור
הח׳ הש׳ הד׳ ר׳ יוסף צרור
הח׳ הש׳ הד׳ ר׳ שמואל אבן כספי
הח׳ הש׳ הד׳ המ׳ ר׳ בנימין דוראן
הח׳ הש׳ הד׳ המ׳ הרב ר׳ אברהם יאפיל
הח׳ הש׳ הד׳ המ׳ הרב המובהק ר׳ יאודה עויאש
הח׳ הש׳ הד׳ ר׳ יוסף בושערא
הח׳ הש׳ הד׳ המ׳ ר׳ זרחיה מרעלי
הח׳ הש׳ הד׳ המ׳ החסיד הענוו יר״א הרב הי׳ ר׳ נהוראי אזוביב
הח׳ הש׳ הד׳ המ׳ הר׳ המקובל ר׳ אברהם טובייאנא
הח׳ הש׳ הד׳ המ׳ מורינו ר׳ יוסף אזוביב
הח׳ הג׳ ר׳ יוסף עייאש
הח׳ הש׳ הד׳ המ׳ הרב הכולל ר׳ יעקב בנאיים
הח׳ הש׳ הד׳ המ׳ החסיד הענוו יר״א הרב הכולל המקובל ר׳ ישועה סידון
הח׳ הש׳ הד׳ המ׳ ירא אלדים ר׳ יעקב מרעלי
הח׳ הותיק החשוב ר׳ צמח דוראן
הח׳ הש׳ הד׳ המ׳ החשוב ר׳ צמח דוראן
הח׳ הש׳ הד׳ המ׳ הר׳ הקדוש ר׳ יצחק אבולכיר

2. — *SYNAGOGUE DE LA HARA* (1)

הח׳ הש׳ הד׳ המ׳ החסיד הענוו יר״א הרב המקובל ר׳ אהרן מועטי

(1) Hara signifie quartier juif.

3. — *SYNAGOGUE SARFATI*

הז׳ הנ׳ ר׳ משה בוגנאח
הז׳ הנ׳ הגביר המרומם הנגיד המעולה ר׳ נפתלי בוגנאח
העלוב קצר הימים ר׳ בנימין בוגנאח
הז׳ הנ׳ היקר הגביר המרומם הנגיד המעולה הנדיב רודף צדקה
וחסד ר׳ דוד הכהן

4. — *SYNAGOGUE ABEN TAWA*

הח׳ הש׳ הד׳ המ׳ החסיד העניו יר״א אד׳ ומו׳ הר׳ הגדול ר׳ אברהם אבןטווא
הח׳ הש׳ החסיד העניו אד׳ ומו׳ חסידא קדישא ר׳ שמואל ביבאס
הח׳ הש׳ הד׳ המ׳ הרב הכו׳ והישיש ר׳ יצחק ן שמול

II

ÉLÉGIE

SUR LA MORT DE R. SALOMON SEROR (1)

(Traduite du Judéo-Arabe)

A qui me plaindre, à qui raconter ma perte et mon malheur? Dites : « Pourquoi le bon meurt-il sur la terre? ».

Lamentez-vous sur moi, ô vous qui passez près de ma tombe! J'ai été errant pendant ma jeunesse, j'ai abandonné mes amis et mes connaissances, j'ai abandonné mes riches-

(1) Cette élégie a pour sujet les malheurs et la mort d'un rabbi Salomon Seror. Le plus populaire des rabbins qui portèrent ce nom fut le maître de R. Juda Ayache, celui dont nous avons plus haut donné la biographie et dont le nom complet était Raphaël Jedidia Salomon. Mais il est difficile de croire qu'il soit de lui question dans cette pièce, car sur plusieurs points, notamment sur le jour de son décès et quelques circonstances de famille, elle ne s'accorde pas avec les sources authentiques que nous avons mises à contribution. Reste, en tout état de cause, l'intérêt littéraire qui s'attache à ce spécimen trop rare de la poésie populaire chez les israélites algériens, et c'est surtout à ce titre que nous croyons utile de le publier ici. L'inspiration en est franche et touchante.

ses, mon bien-être et ma maison secourable, tous ceux qui me tenaient au cœur. Malheur, malheur sur moi !

J'ai voyagé dans les villes, j'ai erré sur les continents et les fleuves : en tout lieu on me connaît. Je suis resté des mois et des années, mon absence s'est prolongée. J'ai demandé au Maître des cieux d'être mon protecteur.

Le temps des voyages et des pérégrinations prit fin : de l'étranger je retournai dans ma patrie. Mes amis affectueux se réjouirent de moi. O ma maison, appelée maison du bien, douce aux hôtes, aux parents, aux amis !

J'ai eu un nouveau-né dans ma maison, et ma joie fut au comble. J'ai fiancé mes filles de mon vivant, et je souhaitais d'avoir encore le bonheur de les marier dans ma maison et dans ma ville, au milieu de mes amis et de mes voisins.

O malheur ! le sort tourna, un coup imprévu me frappa : je perdis mon jeune fils et ce fut le commencement de mes épreuves. A cause de lui mon cœur fut triste et endolori, sans trouver de consolation. Je demandai au Maître des cieux de me rendre ce que j'avais perdu sur la terre.

Je ne pensais pas que moi-même je m'en irais jeune et plein de misère : ma lumière s'est éteinte, un coup soudain m'a frappé, ô mes maîtres ! Ah ! qu'elle est dure, la mort, ô mes amis, ô vous qui m'entouriez !

Le dimanche fut le commencement de mes malheurs. Tout d'un coup je sentis une douleur à la tête, et un feu ardent s'alluma dans mon cœur. Les médecins vinrent me voir le matin, et le soir on me fit boire des remèdes.

L'ange de la mort m'atteignit la veille de mercredi : des cris de douleur se firent entendre dans ma maison, il y eut ensemble des sanglots et des larmes ; ma maison fut désolée, renversée, la peine fut cruelle, et ma malheureuse épouse faillit rendre l'âme dans un évanouissement.

Je voudrais prendre mes ébats au dehors, me mouvoir sur ma maison de terrasse en terrasse, voir de mes yeux et me réjouir lorsque les amis viendront étudier avec moi dans ma maison, dans mon logis.

Je voudrais être un rossignol qui lance sa plainte vers le soir ; je me poserais sur ma maison et j'y passerais la nuit, je verrais ma chambre et mon lit bien rangés, je me joindrais à mes amis, et ils me tiendraient compagnie.

Je voudrais être semblable à la chauve-souris ; j'irais dans ma maison au milieu de la nuit, je délivrerais mes filles de l'horreur des ténèbres, je m'entretiendrais avec elles, elles me baiseraient sur les yeux, elles verraient que je suis parti seul pour un voyage dont on ne revient pas.

Je voudrais avoir des ailes une seule fois ; j'irais m'asseoir au milieu de la synagogue pour voir mes amis lire la Guémara (1) ; je les exciterais et je leur poserais des questions. Là, j'ouvrirais la bouche et je ferais des démonstrations en m'aidant de mes doigts.

Je voudrais être un passereau de la rue ; je me poserais devant une boutique et je m'y arrêterais. Je verrais qui perd et qui gagne. Mon œil verrait celui qui achète des parfums, l'argent et le cuivre cachés dans les magasins.

Je voudrais voir mon rabbin, resté affligé de ma perte. Le feu de mon cœur brûle le sien. Il est triste et abattu, il pleure sans relâche. Qui lui demeure sans moi fidèle et dévoué ?

Combien il lui fut dur de se séparer de moi ! Il s'affligea et porta mon deuil ; il pleura et cria de douleur ; il arrosa la terre de ses larmes, à la vue de mon malheur. Comment se fait-il que mon logis soit désolé ?

Combien il me fut dur de me séparer de mes filles, qui juraient par moi et par ma vie ! Qui les aimera après moi dans ma maison ? Mes gendres, beaux comme des bâtons dorés, s'affligent de ma mort, la tête inclinée.

O tombe, écoute-moi ! Mon œil droit, je te le donne, si tu me lâches. Je veux voir ma maison et mes voisins, je leur raconterai ce que j'ai éprouvé. Alors ma tristesse et ma peine disparaîtront.

O tombe, laisse-moi m'en aller, je reviendrai à l'entrée de la nuit, je veux voir ma chambre et mon lit, ma chambre appelée la chambre du nouveau marié. Qui donc reste aux miens pour les aimer ?

Le tombeau répond : « Tu ne peux ni aller ni revenir ». Les serpents et les vipères ont juré que ni prière ni pitié ne serviront de rien. Voilà quels sont mes compagnons et mes

(1) Mot araméen signifiant étude et désignant le Talmud.

voisins. L'horreur de la nuit m'accable dans le tombeau solitaire.

On pourrait voir des vers sur ma joue. Le scarabée court sur mon bras, le serpent se dresse et se tord sur ma main. Malheur sur mon sort! Je vois mon trouble de mes propres yeux. Je me fatigue à force de les supplier et ils n'écoutent aucune prière.

Mon corps s'est ouvert et les traits de ma beauté se sont effacés. Mes cheveux sont tombés et les cils de mon œil ont disparu. Ma chair s'est fondue et est devenue noire comme la boue. Pierres, ossements et charbons, voilà à présent mon lot. Je ne vous souhaite pas de voir ce qu'il est advenu de moi.

Les membres de ma famille ont le cœur endolori. Allez chez eux aujourd'hui, allez sans retard et dites-leur de ne pas compter sur mon retour. C'est ici qu'est ma demeure sans nulle interruption, au printemps et en automne, en été et en hiver.

Maître des cieux, que ta gloire est grande! Mon âme se rencontrera sous l'ombrage de ton jardin avec ceux qui furent bons sur la terre, dont les œuvres furent bonnes sans défaut. Ma vertu et ma science me procureront favorable accueil.

O hommes, ô amis, ô concitoyens, ne pensez pas que vous resterez toujours dans vos maisons, car le temps est trompeur dans ses actes, car la mort est obligatoire et inévitable ici-bas; il n'y a pas de créature, quelle qu'elle soit, qui puisse durer toujours.

III

ÉLÉGIE
SUR LE SAC D'ALGER EN 1805

(Traduite du Judéo-Arabe)

Rassemblez-vous tous, et écoutez ma douloureuse plainte. Les fils d'Israel sont étendus dans les rues, et les survivants exilés dans d'autres pays.

Tammuz fut le commencement de notre ruine. Nos grands furent la cause de notre malheur. Neftali, le diadème de notre cité, mourut, et nous restâmes comme un troupeau sans pasteur.

Nos yeux devraient répandre des larmes de sang sur ce qui nous est advenu cette année. Neftali fut le commencement de notre ruine. Ce fut un coup décrété par Dieu.

Un Turc passa et le frappa d'un coup de feu au flanc. La ville se leva et s'émut. Nous pensions que ce n'était rien de grave, comme la première fois.

Il se releva, en effet, sur ses pieds, arriva jusqu'à sa porte, inondé de sang. Sa femme, son père, sa mère sortirent en disant : « Grand Dieu ! quel malheur ! ».

Promptement accoururent les médecins ; ils accoururent avec célérité. Ils se mirent à examiner sa blessure et le trouvèrent dans un état désespéré.

Lorsqu'il mourut, les Turcs se réjouirent à notre sujet, disant : « Quand donc tomberont-ils entre nos mains pour que nous leur fassions ce qu'il nous plaira ». C'est un décret arrêté par Dieu.

Les Turcs conjurés dirent : « A présent, sortons et frappons-les d'un coup unique. Nous n'épargnerons ni homme ni femme ; puis nous entrerons dans les maisons, et nous achèverons le reste ».

Aucun israélite ne se leva en notre faveur : chacun pensait encore au malheur qui venait de s'abattre sur nous. Mais les Turcs nous occasionnèrent douleur sur douleur; nous ne soupçonnions pas ce dernier coup.

La veille du sabbat nous allumâmes les lampes, et l'huile devint comme du sang dans les poumons. Le malheur voulut, ô mes amis, que nous fûmes debout de bon matin.

Eux, ils passèrent la nuit à comploter contre nous. Nous avions cru que le trépas de Neftali suffirait; nous ne savions pas que les Turcs se lèveraient contre nous. Cela vint de Dieu, notre Seigneur.

Au matin, on se rendit à la synagogue, la tête inclinée et le cœur plein d'amertume. Nous ne nous doutions de rien jusqu'au moment où la foule se mit à crier; nous ne nous attendions pas à ce malheur.

La catastrophe commença à la synagogue Sarfati : les uns y pénétrèrent, les autres restèrent à la porte. Comment fut atteint ce sanctuaire qui renfermait le séfer du rab (1) ! — « C'est un décret arrêté par moi. »

Ils entrèrent dans la synagogue, ils trouvèrent le monde pleurant et priant. Ils tirèrent leurs yatagans et se mirent à frapper. *Salomon Aboucaya* fut le premier qui perdit la vie : « Écoute Israël ! » fut son dernier cri.

Salomon Aboucaya, le chef du Dar-Mita (2), qui ne manqua jamais la synagogue et la prière, sa tête fut hachée comme un oignon, et son sang rejaillit sur la muraille.

La main qui travailla au Dar-Mita resta jetée auprès de la porte; on lui arracha la vie avec souffrance, et il demeura étendu comme un chien, sans que personne le sauvât, ô mes maîtres !

Le fils d'*Isaac Lévy*, cette fleur, qui fut ministre-officiant dès sa jeunesse, se tordit dans son sang sur la pierre, disant : « Ma mère ! au secours ! ».

Il était beau de figure et de taille. Son corps fut déchiqueté par les couteaux : il se roula baignant dans son sang et disant : « Mes parents ne savent rien de moi. »

Son jeune frère se mit à sa recherche ; il le trouva couché par terre. Il le crut endormi et voulut le réveiller : « Il n'a pas connaissance de moi ».

(1) Le rouleau en parchemin sur lequel est écrit le Pentateuque s'appelle Séfer. Le rab dont il est question ici c'est le rabbin Sarfati, fondateur de cette synagogue.

(2) Maison de la mort : pompes funèbres.

Dieu, mon Seigneur! quelle est encore cette chose amère? Ammi (1) Brahim et Ammi Ménahem égorgés ensemble! Leur sang coula jusqu'à l'égout. Ils furent comme s'ils n'avaient jamais existé.

O malheur! Au lieu de l'amour et du respect, ils baignaient dans leur sang. Ils sont morts d'une mort extraordinaire. J'accepte ce que Dieu a décrété contre moi.

Tous les yeux pleurent sur la mort de celui qui, fils unique, fut élevé sur la paume de la main et qui fut traîné par les mains des infidèles. Sa mère a la tête inclinée.

Israël (2) et *Elgali*, deux frères, leurs corps servirent de cible; ils furent coupés comme du tabac; ils sont étendus dans la rue.

O hommes! quel péché avons-nous commis? Il n'est arrivé nulle part ce qu'il nous est arrivé. *Migo* et *Lévy* furent traînés à la porte de la ville avec des cordes épaisses.

Quatorze personnes, sorties de la synagogue Sarfati, furent roulées comme des tonneaux. De même *Brahim ben Hafsa* dans Si Ali Elfassi (3). Sa mère ne savait rien de lui et il ne savait rien d'elle.

Hélas! que nous est-il arrivé? Nous étions devenus un opprobre au milieu de la cité; et il ne resta personne qui eût les yeux sur nous lorsque ce malheur nous frappa.

Le fils de rabbi *Houiato*, ce fruit exquis, eut le corps lacéré comme un mouton. Est-ce ainsi qu'un homme qui lit la Thora devait voir son fils? — « C'est un décret arrêté par moi. »

Semblable à la rose d'un bouquet qui commence à s'ouvrir, son visage brillait comme l'aurore. On croyait qu'il guérirait et se remettrait; mais le coup avait été trop fort.

Une jeune fiancée, qui n'était pas encore sa femme, l'attendait suivant l'usage, au sortir de la synagogue, lorsqu'on vint lui annoncer sa mort: elle éclata en terribles lamentations.

Oh! dure fut la séparation entre son père et lui! Il resta triste pour toute sa vie, gémissant et disant: « O mon fils, comment as-tu été ravi entre mes bras? ».

(1) Ammi veut dire mon oncle. Ici c'est un terme d'affection et de respect.
(2) Israel Sasportès, censal du Consulat de France.
(3) Rue Caton actuelle.

Les yeux se noyèrent de larmes, lorsque fut frappé cet homme si beau, *Ben Nahmouche*, ce bouquet de jasmin, planté dans le jardin.

Le Turc l'atteignit à l'épaule, il commença aussitôt à râler, son souffle sortit et il expira sans plus tarder, ô mes maîtres !

Je devrais teindre mes dents en noir sur *Maklouf ben Elhami*, lacéré dans la rue, ô mes voisins, et piétiné par les bêtes de somme.

« Ce jour là j'avais prié à la Hara (1), et j'en étais sorti pour rentrer, suivant l'usage, à la maison. Ils me tuèrent et me traînèrent par mon talit (2). Hélas ! que m'est-il advenu ! »

Il n'était pas d'artisan comme lui en ouvrage d'or ou d'argent, ni en arrangement des broderies de ceinture ; il était renommé chez tous les hommes.

Eloignez-vous de moi, voisins et amis, et laissez-moi plongé dans mon sommeil. Pleurez sur *Isaac Tonsi*, un homme vieux, ô mes maîtres !

« On me saisit, on m'égorgea, on prit une corde, on me traîna, on laissa mon corps dans la rue, plié en deux, on me tortura. »

« Maudits soient mon bien-être et ma fortune alors que mes enfants et ma femme étaient réunis autour de moi ! Voici que je suis tombé entre les mains des Kabyles et ils m'ont brûlé. »

Il n'y eut pas d'artisan comme lui en ouvrage d'or et de pierreries, et il fut brûlé, malgré le respect dont il jouissait, ô mes maîtres !

Lorsque le meurtrier pénétra dans la synagogue El Badri et se saisit de *Houiato ben Derbal*, il l'égorgea et le précipita dans la cour avec une corde, et son sang rejaillit sur le mur.

Lorsque les chrétiens arrivèrent, soudain, ils le trouvèrent étendu près de l'égout. Un homme si considéré ! Quel malheur ! Sa femme criait, ô mes maîtres !

Quels regrets, ô concitoyens, au sujet des deux fils *Sfar !* Ils étaient sortis quatre d'une même maison de la rue du Hammam, ô mes maîtres !

(1) Synagogue qui se trouvait près des portes Bab-el-Oued.

(2) Echarpe de laine ou de soie, dont les Israélites s'enveloppent pendant la prière.

Lorsque le meurtrier poursuivit *Salomon Sfar* et lui cassa le bras avec une pierre, il se jeta, anxieux, dans l'asile des aliénés, mais il en fut repoussé, ô mes maîtres!

Pleurons sur *Ezer Hini*, étendu auprès de la boutique du chaudronnier, Dieu prenne sa vie! « Les Turcs m'ont saisi et coupé en morceaux. Hélas! que m'est-il advenu! »

Tzémach ben Amiman, de son nom, resta baignant dans son sang. Il fut rapporté sur une échelle, et sa femme se lamenta grandement.

Comment a été atteint celui qui lisait la Thora, *Mardochée ben Stora?* Ils ne lui laissèrent pas figure humaine; il devint comme le noir charbon.

Malheur sur le bien-être, la fortune et la perfection! Jamais il ne manqua la synagogue, et voici qu'il est haché comme un oignon. Dieu, mon Seigneur, quel est cet évènement?

« Pleurez sur moi, ô hommes, ô voisins, sur moi, *Isaac, fils de Joseph Gozlan!* J'ai été découpé comme du tabac, et nul médecin ne vint à mon secours. »

O hommes, comment a éclaté cet incendie, venant à la suite de notre bonheur parfait, cet incendie qui dévora *Guenoun ben Elkhela*, conformément aux décrets de Dieu?

« J'avais marié dans ma maison mes fils et mes filles, au milieu du bien-être et de la richesse, et voici que je suis tombé aux mains des Kabyles et ils m'ont brûlé. »

Dendil, ce vieillard chargé d'ans, était priant sur la terrasse de la synagogue Ben Deblir. Son sang coula jusqu'à la chambre du puits. Sur lui tous les yeux laissent couler des larmes le long des joues.

Comment périt un homme âgé, qui faisait cesser la pauvreté et la nudité? Comment fut-il traîné dans son sang jusqu'à la porte de la synagogue? Dieu, mon Seigneur, mon péché s'est appesanti sur moi!

Ils sortirent trois de la synagogue d'Elhazan, ils trouvèrent *Ben Kakhla* debout à la porte: l'un le frappa d'un coup de feu, l'autre d'un coup de poignard, et il tomba sur place, ô mes maîtres!

Juda ben Fredj, l'homme à la grande barbe, fut atteint par cette catastrophe, son corps devint noir comme une marmite. Sa femme et ses enfants poussèrent des cris terribles.

Il offrit sa fortune, mais personne ne le lâcha. Ils le couchèrent et le saignèrent au cou comme un mouton. Ainsi le voulut son Créateur : c'était un décret arrêté par Dieu.

Ceux qui restèrent se roulèrent dans leur sang devant les fils de leur peuple. Si nous nous mettions à raconter leurs souffrances, il n'y aurait pas assez d'encre ni de peaux de gazelle.

Comment périt celui qui lisait la Thora, *rabbi Matitia le Prédicateur*, dont le corps devint pareil à une cible? Son sort ainsi le voulut.

Pleure, mon œil, et sois triste sur *David Molina* et *son gendre*, qui fut blessé, sur ce qu'ils souffrirent au moment de rendre l'âme : ils moururent d'une mort extraordinaire.

Lorsque les meurtriers brisèrent la porte de Molina et entrèrent, ils tranchèrent sa vie d'un seul coup ; par lui ils commencèrent et ils finirent par son gendre. — « Notre maison pleure sur nous. »

Dieu, mon Seigneur, que nous est-il arrivé? Sur la mort inouïe qui s'est abattue sur nous, nous devrions aveugler nos yeux, sur la catastrophe qui vint droit sur nous.

Ils les tuèrent et les jetèrent dans les rues comme des bêtes de fondouk (1). Comment furent arrachées ces touffes d'herbes? C'était une dette antérieure venue à échéance, ô mes maîtres!

Lorsqu'ils furent traînés de rue en rue, leurs enfants se vêtirent de bleu (2). Dieu, mon Seigneur, quelle fut cette détresse qui nous arriva en dernier lieu?

Hélas! ils pénétrèrent dans la Hara ; ils brisèrent la porte du parvis ; ils entrèrent dans la synagogue sacrée ; ils sortirent les rouleaux de la Loi et ne leur laissèrent aucune apparence, ô mes maîtres!

Ils enlevèrent dans les oratoires les rouleaux de la Loi et les mirent dans leurs chambres en guise de tapis. Quel fut le sort du nom redoutable à cause de nos lourds péchés!

(1) Auberge arabe.
(2) En signe de deuil.

Les talits, les femmes s'en enveloppèrent; les tzitzits (1), ils furent traînés sur le sol. Nous devînmes l'opprobre des musulmans, qui jamais n'avaient vu les premières choses, ni les dernières.

Nous ne saurions assez pleurer jour et nuit sur ce qu'il est arrivé aux enfants d'Israël, sur ceux qui furent tués, ou blessés, ou saignés au cou, ou traînés, ou précipités, ou brûlés dans le feu.

Les uns assassinèrent, les autres pillèrent dans les maisons, où ils ne laissèrent pas même un clou. Grands et petits, nous demeurâmes nus. Dieu, mon Seigneur, que doit-il advenir de ce reste?

Le jour du sabbat, le bienvenu, nous ne nous doutions de rien jusqu'au moment où la foule se rua sur nous. Nous ne savions pas ce que la nuit nous préparait : nous fûmes stupéfaits.

Chacun versa des larmes de sang sur les enfants tués entre les bras de leurs mères et se roulant dans leur sang, tandis que leurs mères inclinaient la tête.

Les uns se sauvèrent sur les terrasses, les autres dans les puits; les morts furent traînés dans les rues par les chrétiens et par les musulmans : personne n'eut regret ni pitié.

Ils furent traînés par les pieds comme des bœufs et menés jusqu'aux portes de la ville. Le feu flambait comme l'âtre d'un forgeron. Dieu, mon Seigneur, quel est ce malheur?

Ils furent placés au milieu du feu et réduits en cendres. Nous ne distinguâmes plus ni jeunes ni vieux : ils devinrent comme le noir charbon.

Il ne nous resta ni effets, ni ressources, nus et affamés au dernier point, obligés de demander l'aumône avec instance aux musulmans, qui nous avaient fait ce qu'il leur avait plu.

On brocanta avec nos effets et nous le vîmes de nos propres yeux. Les Turcs et les Arabes s'en revêtirent et en usèrent.

Il n'y aurait pas assez de paroles ni de récits, lors même

(1) Franges de laine ou de soie attachées aux quatre coins du talit.

que la mer se changerait en encre et le ciel en papier, pour raconter le malheur qui nous est arrivé, la catastrophe qui nous a frappés.

Nous avons accepté avec résignation le jugement de Dieu, comme une chose décrétée par lui, au moment où, le souffle étant sorti et la vie disparue, nous étions comme si nous n'avions jamais été.

Hommes et femmes, nous devons pleurer sur ce qu'il est arrivé à chacune des victimes. Voilà ce qu'il leur arriva. Que sera-ce, quand le tour des autres viendra ?

Nul parmi les morts ne déserta la religion de Moïse, ni ne transgressa ce qu'il a ordonné. Cette chose était écrite devant Dieu, ainsi que cette mort extraordinaire.

Pour l'amour d'eux, Dieu aura pitié de nous ; bientôt il nous enverra le Messie, et ne nous fera plus souffrir parmi les serviteurs de sa divinité.

FIN

TABLE DES MATIERES

Pages

PRÉFACE I

Introduction :

CHAPITRE PREMIER. — Cimetière de Ribasch 1
CHAPITRE II. — Cimetière du Midrasch 7
CHAPITRE III. — Cimetière Bacri 15
CHAPITRE IV. — Dépôts actuels des pierres tumulaires 17

Les Inscriptions tumulaires :

1. Juda Khallaç 19
2. Joseph et Tobia Seror 21
3. Salomon de Tobia Seror 22
4. Isaac Nahon 23
5. Moïse Moati 24
6. Joseph Nahon 26
7. Aron Duran 27
8. Moïse Siari 28
9. Mardochée Zerbib 30
10. David Zacuto 31
11. Messaoud Guenoun 32
12. Moïse Gabisson 35
13. Chalum Narboni 36
14. Zohra Narboni 37
15. Abraham Siari 38
16. Jacob Temim 40
17. Tzémach Duran 42
18. Ruben Bibi 44
19. Salomon Seror 45
20. Adida Sayman 50
21. Mardochée Lebhar 52
22. Chalum Hadjadj 54
23. Salomon Mechiah 55
24. Salomon Zurbib 56
25. Joseph Seror 57

Pages

26. Esther Aboucaya........ 58
27. Benjamin Duran........ 60
28. Jacob Bouchara........ 62
29. Serahia Morali........ 64
30. Nehoraï Azubib........ 66
31. Samuel Chiche........ 68
32. Misael Busnach........ 70
33. Moïse Cohen Solal........ 72
34. Abraham Ayache........ 74
35. Abraham Tubiana........ 79
36. Benjamin Busnach........ 82
37. Joseph Azubib........ 83
38. Mardochée Narboni........ 85
39. Mendjouda Duran........ 87
40. Samuel Bibas........ 88
41. Aron Cohen Jonathan........ 89
42. Abraham Bouchara........ 91
43. Neftali Busnach........ 93
44. Jacob Morali........ 106
45. David Cohen Bacri........ 108
46. David Duran........ 120
47. Jacob Fitoussi........ 123
48. Isaac Aboulker........ 124

Appendice :

I. — Nécrologes de la communauté israélite d'Alger........ 127
II. — Elégie sur la mort de R. Salomon Seror........ 129
III. — Elégie sur le sac d'Alger en 1805........ 133

SAINT-ÉTIENNE, IMP. URBAIN BALAY, RUE DE LA BOURSE, 26, PRÈS LA RUE DES JARDINS

www.ingramcontent.com/pod-product-compliance
Ingram Content Group UK Ltd.
Pitfield, Milton Keynes, MK11 3LW, UK
UKHW021108290826
14628UKWH00014B/1003

9 782013 086172